大方廣佛華嚴經

八十華嚴講述 6

夢參老和尚主講

方廣編輯部整理

如來名號品 四聖諦品

光明覺品

目錄

光明覺品 第九

夢參老和尚略傳

夢參老和尚生於西元一九一五年，中國黑龍江省開通縣人。

一九三一年在北京房山縣上方山兜率寺出家，法名為「覺醒」。但是他認為自己沒有覺也沒有醒，再加上是作夢的因緣出家，便給自己取名為「夢參」。

出家後先到福建鼓山佛學院，依止慈舟老法師學習《華嚴經》，該佛學院是虛雲老和尚創辦的；之後又到青島湛山寺學習倓虛老法師的天台四教。

一九三七年奉倓老命赴廈門迎請弘老到湛山寺，夢參作弘老侍者，以護弘老生活起居半年，深受弘一大師身教的啓發。

一九四〇年起赴西藏色拉寺及西康等地，住色拉寺依止夏巴仁波切學習西藏黃教修法次第，長達十年之久。

一九五〇年元月二日即被令政治學習，錯判入獄長達三十三年。在獄中，他經常觀想：「假使熱鐵輪，於我頂上旋，終不以此苦，退失菩提心。」這句偈頌，自我勉勵，堅定信心，度過了漫長歲月。

一九八二年平反，回北京任教於北京中國佛學院。

一九八四年接受福建南普陀寺妙湛老和尚、圓拙長老之請，離開北京到廈門南普陀寺，協助恢復閩南佛學院，並任教務長。

一九八八年旅居美國，並數度應弟子邀請至加拿大、紐西蘭、新加坡、香港、台灣等地區弘法。

二〇〇四年住五台山靜修，農曆二月二日應五台山普壽寺之請，開講《大方廣佛華嚴經》（八十華嚴），二〇〇七年圓滿。

二〇〇九年以華梵大學榮譽講座教授身份來台弘法，法緣鼎盛。

八十華嚴講述　總敘

二〇〇四年早春，夢參老和尚以九十嵩壽之高齡，在五台山普壽寺如瑞法師請法下，發願講述《大方廣佛華嚴經》，並以五百多個講座圓滿；前後又輔以〈大乘起信論〉、《大乘大集地藏十輪經》、《法華經》等大乘經論，完整開演華嚴甚深奧義，實為中國近代百年難得一遇的殊勝法緣。

回顧　夢參老和尚一生學法、求法、受難，乃至發願弘法度生，儼然是一部中國近代佛教史的縮影；而老和尚此次開講《華嚴經》，剛毅內斂，猶如屋漏痕渾然天成，將他畢生所學之顯密經論、華嚴、天台義理，搭配清涼國師、李通玄長者的疏論，交插貫穿於其中，層層疊疊，彷若千年古藤，最終將華嚴七處九會不思議境界全盤托出。

夢參老和尚為圓滿整部《華嚴經》，以堅忍卓絕的意志力，克服身心的重重障礙；他不畏五台深山的大風大雪，縱使在耳疾的折磨下，也能夠對治一切病苦，包容一切的順逆境界，堅持講經說法不令中斷，寫下中國近代佛教史上九十歲僧人開講《華嚴經》的紀錄。

老和尚雖老耄已至，神智依舊朗澈分明，講法次第有序，弘法音聲偉岸，陞座講經氣勢十足，宛如文殊菩薩來臨法座加持，令親臨法會者信心增長；無緣親臨法會者，相信透過閱讀整套的八十華嚴講述，也能如臨現場親聞法義。

惟華嚴玄理過於高遠，聞法者程度不一，老和尚為方便接引初入門者，往往費盡心思，委委曲曲，勤勤懇懇，當機裁剪玄義，又輔之以俚語民間典故，情無不周，辭無不達，俾使初學者聽聞華嚴境界生起學法的信心；間或有不識老和尚悲心者，輕易檢點過失，如指窮於為薪，闇然不知薪燼火傳的法界奧義。

如今海內外各地學習華嚴經論者與日俱增，持誦《大方廣佛華嚴經》的道場方興未艾，方廣文化繼出版整套八十華嚴講述DVD光碟之後，秉承　夢參老和尚殷重之交付囑託，在專修華嚴法門出家法師的協助下，將陸續出版全套八十華嚴講述書籍。

最後願此印經功德，迴向真如實際、菩提佛果、法界眾生。

祈願　夢參老和尚長壽住世，法緣鼎盛，障礙銷除，廣利羣生；

所有發心參與製作、聽聞華嚴法義者，福慧增長，同圓種智！

願此功德殊勝行
無邊勝福皆迴向
普願沉溺諸有情
速往無量光佛剎

凡例

本書的科判大綱是以〈華嚴經疏論纂要〉爲參考架構，力求簡要易解，如欲學習詳密的科判，請進一步參考清涼國師〈華嚴疏鈔〉與李通玄〈華嚴經合論〉。

書中的經論文句，以民初鉛字版《大方廣佛華嚴經》（方廣校正版《八十華嚴》）暨〈華嚴經疏論纂要〉爲底本；惟華嚴經論的名相用典，屬唐代古雅風格，與現代習慣用詞大相逕庭，尚祈讀者閱讀之餘，詳加簡擇。

凡書中列舉的傳說典故，係方便善巧，以得魚忘筌爲旨趣；有關文獻考證，僅在必要處以編者按語方式，註明出處。

夢參老和尚主講之〈八十華嚴講述〉正體中文版 DVD 光盤，業已製作完成，流通日久；惟影像的講經說法與書籍的文字書寫，呈現方式有所差異，爲求義理結構的完整敘述，書中文字略經刪改潤飾，如有誤植錯謬之處，尚祈不吝指正，是爲禱！

方廣文化編輯部　謹誌

如來名號品

○來意 釋名 宗趣 問答

下面講《大方廣佛華嚴經》第十二卷〈如來名號品第七〉。

前面所講的都是讓你信，信什麼呢？信佛的依正果報，說你將來一定能成佛。相信自己，從理上講你跟佛、毗盧遮那無二無別。從事上講，那就差別大了，因爲你是在迷，佛是在悟、證得了。我們說十信，因信而入位，在五周當中，現在我們講差別因果。因爲知道佛怎麼成的佛，他是經過那麼多的修行，經過那麼多的劫數，舉佛的果德，生起好樂心，我也要成佛。怎麼成佛？你信之後，得生解。信、解、行、證，前面是舉果勸因生信，現在，信了之後，你得去做。〈毗盧遮那品〉是舉釋迦牟尼佛修因的時候，顯他的果德，是你所信的境界相，舉果來辨因，讓你生起信心。果也講三業，身口意三業，佛的三業是作什麼？現在你的三業，你也得學，改變你的三業，跟佛的三業相似才行。前面是舉果令你生信樂，舉些果德讓你生信心，希望也成佛。你所信的境界是依正二報的情況。前面是講所信的，現在是講能信的。

能信的有三個，哪三個呢？修因契果，生覺悟了，這是五位的圓因，十身的滿果。令諸菩薩能夠了解這個相，了解什麼相呢？我們怎麼樣能跟果相契合，你先得解，解就是明白的意思，你得了解，菩薩要了解這種相。現在講佛的十身，讓你生起修因契果的解悟。

一者菩提身，菩提身就是佛修道的道身。「菩提」一般都翻「菩提道」，菩提者道也，菩提身就是道身。如來於菩提樹下降伏一切外魔，大徹大悟，成了正等正覺，這個身叫菩提身。

二者願身。如來的本願是度盡一切衆生，從兜率天下生到人間，說法利生，酬他過去所發的願，這個身叫願身。

三者化身，是如來的隨類示現，對哪一類衆生就示現哪一類衆生的機，對機說法，佛所示現的就叫化身，化身示現同類，示現跟平常人一樣。

四者力持身。什麼叫力持身呢？如來的神力、假他的神力任持全身。這個全身破碎了，叫碎身。碎身是什麼意思呢？永久不滅的給衆生作福田身。這叫什麼身？力持，佛的加持力。佛牙，北京靈光寺的佛牙塔。那是把佛的身碎了，以牙作力持身，力持身就是佛的眞身，如來化身滅後，所有的骨灰，都叫力持身。法門寺的佛指舍利、北京靈光寺的佛牙、寧波阿育王寺的佛舍利，這都叫力持身。

五者相好莊嚴身。佛的相好莊嚴身是指毗盧遮那佛說的，有無量數、微塵數莊嚴實報的身，所以叫相好莊嚴身。

六者威勢身。如來處於每一會道場當中，威德廣大，降伏一切天魔外道，無不歸服。就像月的光明一樣，一切星星都沒有月光的亮，表現佛的威勢。

七者意生身。意生身有兩種，一種隨自意，想現什麼身就化什麼身；還有隨他意，處處受生，要度一切有情。他意所作意，意生身一作意就到。意到身到，這叫意生身。要想度那個衆生，示現跟那個衆生同類，哪管是豬是馬，意一作到我去度他，那就示現了，如果是畜生就示現畜生身，人類就示現畜生身，在六道都能示意生身。

八者福德身。如來的福德具足了，沒有不包容的。福德身，包含著有智慧。

九者報身。報身就是法性，我們都具足的，湛然清淨，周徧法界，佛是以法爲身。清淨如虛空，是名法身。佛是修得的法身，他的法身顯現了、修成了，我們是沒有修得的，但我們也具足。法身平等平等的。我們是迷，我們要是悟了，跟佛是無二無別的。

十者智身。如來是妙智圓明，能夠覺了諸法，能夠說一切諸法通達無礙的。這就是妙智圓明爲身，覺了諸法無礙，這個身叫什麼呢？叫智身。法身有時候分爲智身、法身，約身說。約慧說，這個慧是普光明殿慧，因爲這個殿是諸寶所合成的，光明徧照，光普照，所以叫普光明，佛於殿中放光。

佛於殿中說普法門，用慧的光明照耀一切世間，是這樣立名的，叫普光明殿。

在〈如來現相品〉，已經說的很清楚。一切諸佛，同具有十號。

如來，如來是十號之一，隨衆生的機感，這是以德立名。佛佛都如是，如來、應供、正偏知、明行足、善逝、世間解、無上士、調御丈夫，這個名都是同的。一切諸佛都如是。「如來」具足說是「多陀阿伽陀」，直翻是「如去」，我們翻爲「如來」。「如去」「如來」，都是一個意思，這是分解來說。「如來」是什麼意思呢？「如來」是如眞理如實來，成了正覺之意，所以叫「如來」。佛陀是乘機而來的，因眞如而現身的，所以叫佛陀爲「如來」。翻爲「如去」呢？就是佛涅槃了，如來涅槃了，稱之爲「如去」，走了，有時候翻「涅槃」就是「如去」。「如來」「如去」都是同一個意思。「如」是體，「來去」是相。

一般說佛在成佛道之後行六波羅蜜，依著《華嚴經》講十波羅蜜，慧、方、願、力、智，這是五個。慧，方便，善巧，力度，這屬於智慧。前面是施、戒、忍、進、禪，布施、持戒、忍辱、精進、禪定這五個，加上後面智慧再開四個出來，而成爲十度。開合的時候，涵義並不失掉，意思還是通的。

這一品是「修因顯果生解分」，怎麼樣修因？前面講果德，毗盧遮那依正二報的果德。果德是因修成的，菩薩要想修因契果，必須得修因才能趣入果，這裡是趣向。宗旨，信解行德，這就叫宗；達到成佛，成了佛果就叫趣，達到目的。信能到如來地，以信爲宗旨，趣向就是你的目的。因爲果必須得應機，果必須由因來的，沒有因沒有果。果用的目的是應機，機徧故果也徧。信佛的身，信佛的力用，信佛利益衆生，所以佛的名等於在利益衆生。

如來名號品 第七

〇來意 釋名 宗趣 問答

關於問答，在這一品，清涼國師分作五周因果，問答就是對著五周因果的解釋。沒人問他，他自己作問答。五周因果是差別的，有時候又是平等的。差別平等的因不同，差別跟平等不同，怎麼樣分呢？有時候合而為一，有時候又分開。但是，這個五周因果，通差別、通平等。

「離於修生，說何修顯？」怎麼樣修？怎麼樣把它顯出來差別，顯出來平等，你怎麼解釋？五周因果差別平等不同，怎麼樣分呢？他說是差別平等解，你怎麼樣修，修的不同、所顯的當然不同。修的有差別，所顯的有差別，但是本具的理體上是平等的，攝事歸理的時候就合而為一。前會舉的果德，本來是生信的。現在又舉佛的名號，名號不同了，境也有差別，這個如何解釋呢？答的時候，約境生起你的信心，一個是標境界相所有的法，明一切法的所在。現在稱這為攝心，一切法都從心體上來說，讓你這樣去修。信成就了，你該去修吧！修完了該會歸你的心，這就是會歸境法為一心，為你的自心。

這一品文殊師利菩薩沒入定，前面所說的是普賢菩薩先入定，之後從定起而說法。以下的這一品，因為信還沒入位，性還不定，所以這品文殊師利菩薩說以下的法門不入定。有的定後說，就像普賢菩薩的三昧，之後說世界成就，說世界成就之後又說華藏世界，最後說毗盧遮那，這是定後說的。這一品像《無量義經》是說完而後入定。有的就在定中說，各各不同。信位當中不入定，文殊師利菩薩不入定，表現經文的不同。

在此會有六品經，都是講菩薩的信心。從〈如來名號品〉到〈賢首品〉，都是以果來成就自己的信心。信自己的心是佛分，能夠成佛，這一共有六種法，以成信心的佛果。令信者入佛果，只是信，不是證。

從此品說佛的名號，令信心者相信佛的名號，我們對佛的名號，這個信心都沒有，文殊師利菩薩教授我們，怎麼樣信佛的名號，佛的名號是徧一切世間。〈佛名號品〉之後是〈四聖諦品〉，一共有六品經文。〈四聖諦品〉，令信心者信一切世間苦諦就是聖諦，苦諦就是聖諦，就是佛理，就是佛的果德，不要別求了。只舉這麼一個苦，〈四聖諦品〉講這個道理，令信心者自己相信自己的心。那是從理上講，諦是理。〈光明覺品〉，令信心者，以自心的光明，信自心具足的光明，覺照世間無盡的大千世界，信不信？信自己的心，以自心光明能夠照了一切世間無盡的大千世界，這是佛的境界，你信不信？心隨光，這是智身，前面講佛的法身。你相信自己之心所產生的光明，覺照世間無盡大千，那就是佛的境界，你也跟佛同，這讓你信。心隨光，心境合一了，外邊境就是你的心。你的見已經產生正知正見，佛知佛見，沒有內沒有外，沒有自沒有他。三千大千世界以東方為首，光能至東方十個三千大千世界，照百個三千大千世界，如是十方都是這麼十重來相攝，倍倍周迴，一個一個加倍，十方圓照。

身心一性，身即是心，心即是身，一性一體，無礙周徧，同佛境界，信不信？光明覺是讓你相信，在這一一作意觀察。等信滿了，入十住的初心，生到如來智慧家，在《華嚴經》上說一到十住的初心，就爲如來智慧法王的眞子，也就是光明所照，〈光明覺品〉就詳細講這個道理。不要認爲佛的光明我沒有份，應當相信自己的心光跟佛光，開掘自心的心光跟佛光，圓照法界。〈菩薩問明品〉令生起信心，信心就是相信所信的這個法門，就是華嚴的法門，〈菩薩問明品〉，這個道理辨別的很多，大家讀過《華嚴經》，略一解說你就知道了。

〈淨行品〉令有信心的信位菩薩，初發心的時候，必須發大願，皆發大願爲首。應當要生起信心來，把無始的妄念，成就智慧海，沒有生滅相。〈淨行品〉一共有一百四十一個願，天天誦這一百四十一願，作什麼誦什麼願，包括衣、食、住、行、生活起居，乃至進廁所都有願，〈淨行品〉就是發大願，把你的所有作爲，都變成清淨梵行。到了〈梵行品〉就不是信位，而是住位。〈賢首品〉令你生起信心，一定要信，信什麼呢？信佛的神力通化無邊，得大自在。前面所講的都是信心，這個信心能夠生起了。信上面所說的，這叫「賢首」。以下所說的六品經文，是文殊師利菩薩和十首菩薩互相酬唱的。〈淨行品〉是跟智首菩薩，〈賢首品〉是跟賢首菩薩。

觀行相應名爲信心，這是不動智佛等十智如來，是自心之果，產生信心的果。不動智是體，其他九智是用。文殊師利與覺首、目首等九首菩薩，都是修行信心者之身。從〈如來名號品〉到〈賢首品〉，一共六品經文，這是以果成信門。這六品經文合攏來，叫「以果成信門」。

我們在初會的時候是舉佛果勸修，信諸佛所得的。現在這一會是以果成信，信自心是佛。關於這個道理，我們講〈大乘起信論〉講了很多。沒有講《華嚴經》以前，跟大家專講自心是佛，因為讓你信自己心是佛，而且還跟成就的果佛不異，這是非常困難的。用好多的經文勸你修行，舉佛名號的果，勸你修行，舉佛成就的果，乃至講佛的依報果，世界成就、華藏世界，都是講佛的依果。讓你相信什麼呢？十方世界沒有一個名不是佛名的。名的體、名的性、體的性，自然解脫，是解脫故，但隨眾生所聞的不同，佛的名號種種不同，千佛萬佛，無量諸佛。於一切佛名無所著，不起執著。如果大家不起執著，毗盧遮那佛，光明遍照，阿彌陀佛也是無量光，佛佛都是光明遍照。儘管名號差別，在義理上是同一個意思，佛的名號是遍滿周徧的，不要在名上起執著。以下就隨經文解義。

每一品都有每一品名的來意，這一品的來意是初會，明前之初會，明如來成等正覺之身，他是正等之身，以智慧來攝生，以智慧來攝受眾生、度眾生，並沒有說用如來名號來攝眾生。這一品就講用如來名號來攝受眾生，在此普光明殿，明佛果的名號，用佛果的名號來攝化度眾生。這一品的大意是舉佛果的名，令你生信解。這一會就明佛的身智慧是徧周法界的，明佛的身跟佛的名，有身必有名，他的智慧是周徧的。

在〈如來出現品〉，雖然菩薩有三十六問，但是沒有標明的問，而是心念的問。這些菩薩心裡要問佛的，沒有問，但是佛知道了，佛用光明給他答。這一品就是文殊來答，答了之後令一切眾生聞到佛的名號能生起信心，信佛的名，信佛的身。有名必有身，有身才有名，都是普徧法界的，隨眾生的根機而得到教授、信化。以佛的無邊智慧光明，以佛的智慧身所照俗，破除一切眾生的迷，所以二會還是普光明殿。光是照耀的意思，照除一切眾生的迷惑，照的是俗諦。

這一品有五緣，五種因緣成就佛的名號。以法界自體根本智來成佛的名號，這是自體的根本智慧來成就佛的名號。以下有不動智佛、無礙智佛、滅暗智佛，每尊佛都加個「智」字。「不動智」、「無礙智」、「滅暗智」，都是加個「智」字，智是破黑暗的，這樣有十智佛號。

〈如來名號品〉說很多的佛，但是最根本的是法界根本智，以法界根本智這個名來成就十種，一切眾生的信心，而能信到產生有力量，叫信力，信能生起力量。這一品的大意，令眾生達到自己，根本原因是什麼不明白呢？無明。眾生自己根本的無明，本來就是如來的根本大智，令一切眾生能夠一下子頓悟、有頓識，認得自己的本體，那就是根本大智，破無明黑暗，無明黑暗本來就沒有，唯如來的根本大智。若如來成了正覺，他自己所成就的威德名號，十方諸佛示現成等正覺，每位佛都有十號，大家經常念的如來、應供、正徧知等，那些就是如來十號。所謂的如來、應供、正徧知等，就是這十號。毗盧遮那佛是總名，諸佛都是如是。大智慧光明照耀種種諸法，「毗盧遮那」就翻「光明徧照」，以他的大智慧光明照耀種種諸法，也照耀一切種種眾生。「毗」是種種，「盧遮那」是徧照，種種的光明徧照，就是毗盧遮那，這是佛成了正覺的德號。

如來利益眾生的時候，從一位進入一位，修行的時候要位位進修，位位進修都有個助緣。稱佛的名號就起到這些作用，讓眾生聞到名號就能漸漸得度，這是約一切諸佛利益眾生的方便。按位進修，成就佛名號。

以下就舉十個根本不動智佛，先舉不動智佛，我們經常念，「南方不動智佛」，文殊師利菩薩是從南方不動智佛那兒來的。文殊師利菩薩說以下的這幾品法門。前面是普賢菩薩說，現在是文殊師利菩薩說。

還沒有進入正文，先講前方便。這一品是〈如來名號品〉，〈如來名號品〉含著有這麼多的義理。讓你相信，讀〈如來名號品〉，相信你自己的心，你自己本具足的，有一個根本智慧，與諸佛的根本不動智佛，本來是一個，以這個來成就你的心。我們經常是心外見法，信心成就不了。讓你返觀自心，心外見有一切法，你的信心成就不了。從信心以下，以三昧力量契合於理，會歸你本源的心地，之後住在你的心地上，這叫十住位。

如來名號品 第七

○來意 釋名 宗趣 問答

現在我們共同學習〈如來名號品〉。這一品是明如來成正等法身，之後還有智生身，明這一品的來意。這一品是在第二會普光明殿，顯示佛果，顯示佛的名號，以此來攝受利益衆生。又者舉佛果名，成了佛的果名，令我們生起信心，理解這一品的來意。又顯明佛的身，佛的智是徧周的，是信佛的名身及他的智慧。

現在我們解釋名目有五緣，用這五緣成就佛的名號。因爲佛的名號，是以法界自體的根本智慧來成就佛號。以下不動智佛、無礙智佛、滅暗智佛，這叫十智，十個佛名號都叫智。因爲法界的根本智，是以十種名來成就十種信力。

又者若如來成正覺，他智德的名號；又者明如來利生的方便，要爲進修，要爲進緣，以成就佛的名號。以下講佛的十個根本不動智佛，成就我們的信心。十個不動智佛的，以下又十個月佛，十個佛都號爲月，以成就〈十住品〉。這是契法身的根本智，月亮是清涼的，你的心得到清涼，使你契理了，一切的迷惑都消失，有了迷惑，有了煩惱，就有熱惱，得了法性智慧的清涼，以此得成佛號。十行位中的佛號是十眼，每佛都以眼爲名，同號名爲眼。明十行位，是以智知，智慧知爲根本的，說你要利益攝受衆生，要觀衆生的機，所以佛號都叫眼。要善知衆生的根性，以此立名。十迴向中佛的名號都有十妙，佛的名都以妙爲稱，佛號同名爲妙。因爲十迴向菩薩的進修已經成熟，妙智現前，所以佛號名爲妙。十地也通妙，從十信位開始，自己信自己的心，無分別智，一切諸佛根本的智慧，這是以不動智，以此成就你的信心，心外如果見到有法，信心不能成就。從這個心以下，以三昧力契合理體根本的自性根源。

這叫五個因，五十個因，五十個果，因果法門重重無盡。關於這個信，跟大家講好多座，就講信；講〈大乘起信論〉，也講信。現在你如果想眞正契入《華嚴經》，唯信能入，信什麼呢？信自己是佛。因爲一切衆生，隨他的根性所愛樂成就佛的名號，這品是講佛的名號。佛的名號代表佛的法身、佛的智慧身、佛的報身、佛的化身。所以佛的名號等衆生界，衆生有好多的數字量，衆生有好多，佛的名號就有好多。同時佛的名號，以佛、以天、以神、以主、以人、以仙，種種類類。令衆生不再去作惡，佛的名號是對著衆生，把所有的惡習惡業銷除。因爲衆生業無盡，作惡無盡，佛的名號也是無盡的。

我們舉個例子，「釋迦牟尼」翻「能仁寂默」，「能仁」就是利益衆生，大慈大悲。「寂默」是不動本寂，這就是不動智的智。又者明法界之內，所表現的一切體用，平等平等，一切法總名爲佛號。什麼是佛的名號？一切法總名佛名號，爲一切法都是假名言的，假名字語言。自己體性是離一切語言，一切法的自性沒有依著這些，沒有清淨也沒有污染，就是法界性，法界性就是佛的名號。

因此說一切法及他的名言，都是佛號，是在這個涵義下，說一切法皆是佛名號。因爲如來依此一切法的自性離，就是離自性之法，自性是每個衆生的性，離開一切性才能成佛。這個是什麼自性呢？各有各的性，人有人性，畜生有畜生性，是指個性說的，不是普徧所具足的本體而說的。佛在三乘之中，現在令三乘人迴心，回到不動智，表金色世界不動智佛，令一切衆生直認自己的本心，直接認到自己的本心，達到本心所具足的無分別智。本來是無所動的，是說本體無所動。文殊師利其實是自心、善簡擇、無相的妙慧，這是指文殊師利菩薩。

以下說九首菩薩，覺首、目首等九首菩薩隨他的自心，他自己所見的理智，像這樣的三乘人，他一切所得的、所斷的，得的是智，斷的是惑，所以讓他把能斷的和所斷的一切迴心。如果沒有迴心，他就不能得到信，只說信，不能信自心是佛、自心成佛。什麼緣故這樣說呢？爲歷三阿僧祇劫，當得成佛，在三乘人，要經歷三阿僧祇劫才能成佛。他直認自身及心，總是凡夫。這個意思就含著，歷三阿僧祇劫之後，才能成佛。未成佛之前都是凡夫。他說要信佛有不動智，是信佛有不動智，不是信自己的心是根本不動智佛。這個非常重要，重要到什麼呢？他不信自己自心根本就是不動佛，與佛無異。

我們在開講《華嚴經》之前，講了好多座〈大乘起信論〉，就是讓你先建立起這麼個信心，信自己自心是佛，還是根本不動智慧的佛，與佛無異。如果不這樣，這個華嚴的教導就不成此教，不是此教的教義。「法界乘」，《華嚴經》叫法界乘，在法界乘中以根本智爲信心。《華嚴經》的信心，應當直信自心，分別的性體，是法界性中的根本不動智佛。金色世界是表自心無染的道理，文殊師利是自心善簡擇的妙慧。「覺首等」，目首、覺首等這些大菩薩，隨他信心，理智現前了。

以這個信，信因中契諸佛的果法，分毫不謬，一點差錯都沒有，那時候成就這個信心。從此信以後，定慧進修。沒有這個信心的根本，以後十住、十行、十迴向、十地、十一地，你都進不到。所以要有定慧的信心，再進修，有這個信心，假定慧進修，經過十住、十行、十迴向、十地、十一地，經過這樣修煉，時分沒有遷變，時空亦如是。法界本來，法界如本，不動智佛如舊，成就的還是以前本具的，而成就一切種智海，教化一切衆生。因果不遷，因即是果，果即是因，這是《華嚴經》的意思，因該果海，果徹因源。這樣把信心成就了。阿僧祇把他定了，身是凡夫，凡聖二途，時劫的改變，時劫一改變，心即是佛，佛即是心，心外無佛，如果心外有佛，信心永遠成就不了。信心沒有成就，十住、十行、十迴向、十地、十一地五位，一位你也進不到。

這是〈如來名號品〉主要的經義。從第一會的〈世主妙嚴品〉起，一直到第七會的〈如來出現品〉，之中有二十八個問號，世主所問的一切因果，有三十二品經，答這二十八問，從普光明至法界佛果報居之殿。普光明殿，普光明殿是什麼呢？是智，智法界，佛果是報佛所居的。殿，是這個處所。舉佛果的名號，包括佛果所行教化衆生的四聖諦法，乃至以後的那些品類。並舉出法界根本智體的佛號是什麼呢？

是不動智佛，好成就你的信，再加上修。普光明殿就是佛果，信進修時，因跟果不二，因該果海。明法界沒有時間的隔離，法界沒有時間隔離，這就是時劫。

明了時劫之後，說三大阿僧祇劫是利益衆生而說的。那是善巧。知道這個信了之後，你所修行的是因，因該果海，因就成了佛，因果不二故。又者表明了佛始成正覺的果德上，是因爲信心修行而得到的。在修行當中的這個過程給他取消了，一信就成佛。《楞嚴經》有這麼兩句話，「何藉劬勞，肯綮修證。」這是說你起信進修，是依著眞而起的行，依著眞而進修。雖然經歷了五位法門，《華嚴經》是表五位的，住、行、向、地、十一地。沒有時間的移轉，要是沒起信進修，常是認爲以前諸佛，已經成佛了，經歷無量劫生起正信心，見了十方無量劫已成佛的，而自身與比先成佛者，一時成佛，先成跟我現在成，一成一切成，沒有先後的次第。

另外，始成正覺的時候，也就是佛作凡夫，起行進修，自行已滿，畢竟不離於初初成正覺、初出現時。依著本法界，本無時故，沒有時間。故經言，發心畢竟二不別，因爲法界性無三世故，法界性沒有過去未來現在，因此三世沒有差別的，無有時間故，智無別故，爲不異於不動智佛體故，這幾句話是連著的。

又者，以文殊的妙慧，用無別故，文殊的妙慧，用無別，沒有差別。不能簡擇文殊的妙慧，爲什麼？行無別故，爲從初發心不異於十波羅蜜，行普賢行而爲修行故。大悲是沒有分別的，什麼叫大悲？不是一般的悲，大悲是無分別的，常教化故，沒有間斷的時候。大悲如是，大願也如是，不擇衆生，不捨衆生，四攝無別故。慈悲喜捨也無別，四無量心無別故。三十七道品無別故。說發心畢竟二無別，永遠沒有別，發心畢竟二無別，如是二心先心難。能入到華嚴信解，那是非常難的。如果是心外，你自心之外，信還有一個佛得道，他佛得道，我是凡夫，這是以世間人情思量來認解的。

《華嚴經》告訴我們的教義，不論信進修行，乃至生死長流，常隨見網，入了那個知見的網裡頭，最苦了。《華嚴經》認為這是最苦的。所以初會，此處的初會，始成正覺後的一共有三十二品經文，因為執著〈如來出現品〉，明始終信進修行，與三世佛同時出現的，明法界總一時故。經文上所說的，叫我們頓照顯現，普臨衆像，普臨諸機，一時頓現了。表明法界根本境界中，頓現一切諸法，絕不可以用你的思量、用你的情計來度量法界。先解後解平等平等，像善財童子參到彌勒菩薩樓閣當中境界，從初參的，佛始成正覺的時候，這是舉果勸修佛。〈如來出現品〉中的佛，是明諸菩薩進修五位因果行終滿時的佛。現在我們是依著文殊菩薩的妙慧，依著文殊菩薩的妙慧，信位中的不動智佛，以文殊師利妙慧，信不動智佛，這就是〈如來名號品〉，直至〈如來出現品〉，這是十信、十住、十行、十迴向、十地、十一地，進修因果。

善財童子在彌勒菩薩樓閣當中，從一發心到直至成佛、到普賢會上，都是一時。

我們看他立了五十三參，立了五十三個位置，就是十信、十住、十行、十迴向、十地、十一地，一位一位參，進修因果。表什麼呢？初即是後，初發心就是後來成佛的佛果，成了佛果，就是最初發心，不二位故，沒有初位跟後位，不是有個舊的，還有個新的，非故新也，不是舊的、新的，新的、舊的，沒有這麼一說。所以，「文殊師利菩薩頌云」，文殊師利菩薩說個頌，「一念普觀無量劫，無去無來亦無住，如是了知三世事，超諸方便成十力。」文殊菩薩念這麼一個偈頌，說無去無來也無住。「如是了知三世事」，就是過去、未來、現在所有一切事，這是方便成就的十力。以下開始解釋〈如來名號品〉經文。

如來名號品 第七

○來意 釋名 宗趣 問答

◯釋文

◎序分

爾時世尊。在摩竭提國阿蘭若法菩提場中。始成正覺。於普光明殿。坐蓮華藏師子之座。妙悟皆滿。二行永絕。達無相法。住於佛住。得佛平等。到無障處。不可轉法。所行無礙。立不思議。普見三世。

這段經文是顯在普光明殿說法的處所。「普光明殿」，在清涼國師〈疏鈔〉中說菩提場東南三里許，大概以我們華里三里多地，有條尼連河，那時叫熙連河曲，河裡有龍，爲佛造此普光明殿，普光明殿是龍造的，這是簡單的說。

在經文是不動覺樹而偏十方，並不是佛離開菩提場再到普光明殿，《華嚴經》說不動覺樹而徧滿十方，不僅僅是普光明殿。菩提處、普光明殿，看是兩個地方，此經是三會普光明殿，七處九會，九會當中有三會是在普光明殿說的。這個地方以他的義理來解釋，普光明殿跟菩提場二處不異，因爲沒有離開本處道場而偏住一切處。「菩提場」，說明它是法界的本體。「普光明殿」，「是法界報居所都故」，報居就是報身，這一共是法身、報身二體。報身是相，法身是性，性相只是一眞法界，一眞的本體。本因成就的佛果，因果本末同時，沒有異故。這是顯示成正覺之相。同時在《解深密經》等經論，皆說佛有二十一種功德，這二十一種功德，現在先不說，等到〈升兜率天宮品〉的時候表二十一種功德，到那時候再解釋。

「妙悟」，晉譯《六十華嚴》不翻「妙悟」，翻「善覺」。「妙悟」、「善覺」，名異而實同，名字不同，實在義理是相同的，經上說是叫「正覺」。「正覺」在梵文就一個字，就叫「蘇」，含於妙善及正等，譯爲「隨取」。隨取的意思，悟即是覺，悟即是覺，開悟就是覺。爲什麼用覺又用悟呢？雙照眞俗，雙照眞俗故，就稱「妙悟」。這是文字上的解釋，是顯他的道理，也就是用煩惱、生死、涅槃顯這種道理。

以下是分別解釋。什麼叫「二行永絕」呢？煩惱所知，生死涅槃，煩惱跟所知，生死跟涅槃，都是兩個，叫「二行」，這都斷了，永遠沒有了，俱不現前，沒有生死涅槃也沒有煩惱所知，「永絕」的意思是永遠斷除，達到無相法。「無相法」是什麼呢？清淨眞如，清淨眞如就叫無相法，「達無相法」就是了知清淨眞如，清淨眞如就是無相法。如來常住大悲，任運的利樂一切衆生，也就是自然的，又常安止聖、天、梵、住。聖、天、梵、住，一個字一個涵義。三乘聖人，六欲天，聖天梵住四個字，各各不同，聖是什麼？指三乘聖人，天是指六欲天，梵是指著色無色界，是三三三昧名聖住。布施、持戒、善心三件事情，布施、持戒、善心，這叫天住。

四無量慈悲喜捨，這是梵住。這是舉前三乘人梵住，叫四住。四住者又加一個佛住，故云住於佛，叫佛住。

清涼國師說如來常住的是首楞嚴諸三昧，但是也偏住四種智海，大悲深故。因爲特別言大悲，就是梵天所住故。不論所住和能住，都是化度衆生的用，就是一個字，「用」，等於諸佛，都皆同於諸佛。還具足能治道，解脫障故。道就是菩提，這個道專指菩提說的，把障菩提的全消除，全部解脫了，所說的教法，一切外道所不能轉。行諸世間，違順魔怨不能礙。安住教法超言念故。於三世境界，不論事或是理，無錯謬。這是上一段經文的解釋。

與十佛剎微塵數。諸菩薩俱。莫不皆是一生補處。悉從他方。而共來集。普善觀察諸眾生界。法界世界。涅槃界。諸業果報。心行次第。一切文義。世出世間。有為無為。過現未來。

這段經文是指什麼呢？是指輔助佛教化的大菩薩。這是專指《華嚴經》輔翼佛教化的，來這個法會集會的，佛教化一切衆生都攝受他進入法界，這些諸大菩薩有好多？「十佛剎微塵數，諸菩薩俱。」所來的菩薩都是補處菩薩，補處菩薩跟彌勒菩薩相等的，但是是從他方而來的。這些大菩薩普善觀察一切衆生界，一切法界，一切世界，一切涅槃界，諸業的果報。「心行次第」，普善觀察都能夠了知，什麼叫世間？什麼叫出世間？什麼叫有為？什麼叫無為？過去現在未來三世。約所教化的相來說，就像彌勒菩薩一樣。

舉彌勒菩薩的例子，在人中是一生，到天上兜率內院是一生，下降人間是一生。都說一生，所有這些經過就是一生，什麼一生呢？實報一生。變異生死當中是變異，變異沒有生死，生死不是變異，這是約化度衆生相說的。變異生死了，變異生死就不是三界的，在三界欲界、色界、無色界這些所受的生，這是變異。解釋變異生死，例如阿羅漢、辟支佛、大力菩薩，他們是離開煩惱，不受三界內的分段身，他生於界外的，三界外的變異身，化身。這個化身、變異身又回到三界，來的時候行菩薩行，行道心，就是行無上菩提。方便生死，二乘人斷了見思二惑，超出三界，出生於方便的各個佛國土，就是他斷惑證果的時候，因移了，果也不同了，因移果異，以這個因移果異來論生死，這叫方便生死。

聲聞緣覺把見思惑都斷了，超出三界，他的生地都是在方便土，斷惑證果的時候，因移，果已經不同了，這樣來論他的生死，這叫方便生死。還有因緣生死，因緣生死是初地以上的菩薩，他以無漏業為因，但是無明給他作緣，他是示現生死，一個方便生死，一個因緣生死，這叫示現生死是因，他以這個無明給他的緣，他的無漏業給他作的因，這是因緣生死。

有後生死，又作有生死。十地菩薩，殘餘最後的一品無明惑還沒有斷，尙需受一次生死，這叫有後生死。還有無後生死，又作沒有生死，沒有生死是等覺菩薩，他斷最後的一品無明，究竟永寂，不受後有。四種生死當中，方便生死、因緣生死、有後生死、無後生死。

所來輔冀佛，宣揚《華嚴經》同來的大衆都有這種德，讚歎這些輔冀大菩薩勝德無量。他以普善觀察，能觀的智慧有兩種義理，所有來的大衆同有此德。觀一切境界相，總說十境，《華嚴經》說十境，他能夠善知相，善知無相，善知此二無礙，相即無相，無相即相。普來大衆能有十種德，這十種德就是十種境界相，把它合成爲三個。這是讚歎參加法會的大菩薩。

◎請分

時諸菩薩。作是思惟。

所有來的微塵數大菩薩，大家思惟都是一樣的，作如是想，想什麼呢？想問佛的道理有十句。這十句總說起來就是佛德應機無方大用，辨因所依果。這是初十句，問佛。第二個十句，問菩薩的行位，就是在果上所成的因。最後二十句佛果德勝，顯他因所成的果，是以佛爲緣而起於因，還以此因還成於果。這就是諸菩薩所思惟的。在〈大乘起信論〉講，「多聞熏習」，熏習什麼？聞什麼？「無不從此法身流，無不還證此法身」。所熏習的、所思惟的，就是這個道理。經文上的這些大菩薩，心裡想請佛開示，但是沒有說，只是思惟。

若世尊見愍我等。願隨所樂。開示佛剎。佛住。佛剎莊嚴。佛法性。佛剎清淨。佛所說法。佛剎體性。佛威德。佛剎成就。佛大菩提。如十方一切世界。諸佛世尊。為成就一切菩薩故。令如來種性。不斷故。救護一切眾生故。令諸眾生。永離一切煩惱故。了知一切諸行故。演說一切諸法故。淨除一切雜染故。永斷一切疑網故。拔除一切希望故。滅壞一切愛著處故。

這些菩薩雖然是等覺菩薩，但是對於佛果，佛的境界相，還不完全清楚。所以，他們才如是問，請佛來解說。所問的，一個是剎類，就是依報的剎類，爲什麼都不同？一個是莊嚴，一個是剎的清淨，一個是剎的體性，一個是剎的成就。剎類，佛剎是長的？是短的？是方的？是圓的？佛身是偏住一切剎的，這個正報上所起的大用，佛心是常住大悲。佛是由偏住諸剎，大悲就偏住諸剎，以大悲爲剎，常住大悲，佛是偏住諸剎，諸剎即是大悲，這是剎所具的功德。佛所證得的法性，佛是隨衆生機說法，佛的作用的威德光明，修行得證，現成菩提，成就佛果。

這是兩種，一個是悲，一個是智，使佛種不斷。永斷煩惱成就斷德，了知一切行成就智德。行法，行法也有三個，一、心行，二、心所行行，三、所了行。一切行的無常相，所了的了行，了什麼呢？了一切行的無常相。怎麼樣救護眾生，云何救護？云何演說諸法？云何永斷？淨諸雜染永斷煩惱？種現雙亡，種子和現行都不存在了雙亡，離諸雜染，云何成智，云何永斷疑網？智成何益，斷一切的希望，惑除何益、滅諸愛著。

一切著者，著有著空，著行著果，不著諸法，要能達到著有著空著行著果，不著諸法，正智現前，悲救眾生。佛種不斷是菩薩之要，也是諸佛的本意。這是諸菩薩心裡所要請求的，解釋他們所請求的、心裡所想的！一切菩薩成就了，云何成就不斷佛種？自己成就了，自成就。還有救護眾生，這是成就於他。怎麼樣救護？使永離煩惱，讓一切眾生永離煩惱障，了知一切無所知障，以何方便能斷二障？要斷這個障，用什麼方便法讓一切眾生斷這個障礙。

說諸菩薩。十住。十行。十迴向。十藏。十地。十願。十定。十通。十頂。

有的經文上，沒有「十頂」，而是「十忍」，這個地方把「忍」改成「頂」。

這是《華嚴經》翻譯的正文。「十頂」，在新的梵本和舊的梵本，問的當中沒有這個忍，答的當中有了，答的當中，是指「十頂」說的。答的文中有「十頂」，「十頂」就是「十忍」，標明一下。爲什麼這樣說呢？位沒到終極的時候，沒到佛的時候不具十忍，不具足十忍。不極因位，十忍不顯。所以在〈十忍品〉的末後說，通達此忍門，成就無礙智，超過一切衆，轉於無上輪，唯佛與佛才能如是。

這就是從十住到十忍，一共是十住、十行、十迴向、十藏、十地、十願、十通、十頂，這標了九位。欲成就此十，應該脫十信，爲什麼沒有說十信呢？脫了十信。十信雖然沒有成位，還不入位，也追隨法界，修廣大行。德和用，唯佛與佛，因爲他達到最殊勝。這只是標名，因爲上頭的所謂十住十行乃至於十頂，都要一位一位答，這是全部《華嚴經》。全部《華嚴經》就說的是，十住、十迴向、十藏、十地、十願、十定、十通、十頂。善財童子最後參普賢菩薩，普賢菩薩才給他說十願、十定、十通、十頂，這是最後的。此處不答，別處會如實的一一解釋。

及說如來地。如來境界。如來神力。如來所行。如來力。如來無畏。如來三昧。如來神通。如來自在。如來無礙。如來眼。如來耳。如來鼻。如來舌。如來身。如來意。如來辯才。如來智慧。如來最勝。願佛世尊。亦為我說。

像這些問題，只有因位圓滿的大菩薩才有能力提出這些問號，一般的凡夫衆生，一般的二乘三乘，沒有如是想法也沒有如是問號。第一個問如來神力，如來地、如來境界、如來神力，這是舉出如來的神力。此經在以前不叫如來神力，前面諸會所說的，叫佛加持，佛的加持是佛的神力加持。

力是作用義，能有力量加持。在〈離世間品〉，每一個問號都有十個，十種解釋。每一個相，廣泛分別，才顯出來如來所作的是無能障礙的。無能障礙無能攝取，這是佛的神力，主要是顯相的。同時如來的所行、如來的語、如來的神通，在經文裡一個一個解釋，解釋的意義很深廣，現在只是標名，這是說如來的三業，說這麼多就是如來的三業。語業是顯如來辯才，智慧是顯如來的意業，如來最勝是顯如來的身業。但是這個會中沒有說如來的光明，前邊會中都說如來的光明，特別是標如來的光明，此會沒有說，如來光明在所請示的當中。他們這些都含著如來的光明，這都是不思議的事情。

◎說分

爾時世尊。知諸菩薩。心之所念。各隨其類。為現神通。

那些大菩薩心裡意念，想，並不是說出口，沒有說出口，而是心裡所念。佛知道這些大菩薩的心裡所念。

現神通就是示相，神通是有相的。爲現神通，給他現相。第一種是隨他所懷疑的，他所懷疑的有那麼多問題，佛就以神通力示現令他見，示現色，以聲令他聞。在神通力當中讓他知曉，給他現的通，通就是通達，沒有障礙了。這是圓明頓現，以如來的法界身圓明頓現！他有什麼懷疑，隨他所問的問號，隨類各得解。若疑十信，佛就出足輪放光，周乎法界。若疑十住，如來以足指放光，足輪跟足指不同。百剎塵外菩薩集，都是以放光作答。若是疑十信的就是出隨疑現通之相。在〈光明覺品〉，言周乎法界，這個解釋周乎法界。等取十方各過十佛剎的微塵數世界，菩薩雲集。以佛的神力，十方各現一個大菩薩，一一各與十佛剎微塵數諸菩薩俱等。若疑十住，佛就在第三會〈十住品〉，言菩薩雲集。這個「等」字是等什麼呢？等取十行十向十地。十行，在足上放光。十向，在膝輪上放光。十地，在眉間放光。十行就千剎，十向就十千，就往前推，這是放光的不同。

這是現相，在第一會〈如來現相品〉，已經偏到九會。此會，在這個會，〈如來名號品〉這一會，如來現神通嗎？僅通這一分，不是普偏的，這一會他們所懷疑的，是約局意。約通意，九會都有，佛的說法在《華嚴經》一般都是通的。一般的經有局有通，局限在這部分，這是在會大衆這一部分。通，一切時、一切處、一切集會，佛都如是現。在海會雲集當中，大家有這些問號、有這些想法；他的想法，他沒有說出來，而是用問號說出來。那麼就給他現神通。

現神通已。東方過十佛剎。微塵數世界。有世界。名金色。佛號不動智。彼世界中。有菩薩。名文殊師利。與十佛剎。微塵數諸菩薩俱。來詣佛所。到已作禮。即於東方。化作蓮華藏師子之座。結跏趺坐。

在過十佛剎微塵數世界有一個世界，這個世界的名字叫金色，有佛號不動智。有世界就得有佛住世，佛號就叫不動智。從彼世界中有菩薩名文殊師利，文殊師利菩薩是在我們東方十佛剎微塵數世界外，那世界叫金色。住世的佛叫不動智。在這個世界中有菩薩，叫文殊師利。五臺山文殊師利是從不動佛道場來的，離我們這裡有十佛剎微塵數，文殊師利菩薩的眷屬，有十佛剎微塵數的諸菩薩聚，來詣佛所，來到菩提場，到這個法會。現在是普光明殿，來到普光明殿，到已作禮，頂禮、禮佛。「即於東方」，他是東方來的，他在東方化坐蓮花藏師子之座，結跏趺坐。

南方過十佛剎。微塵數世界。有世界。名妙色。佛號無礙智。彼有菩薩。名曰覺首。與十佛剎。微塵數諸菩薩俱。來詣佛所。到已作禮。即於南方。化作蓮華藏師子之座。結跏趺坐。西方過十佛剎。微塵數世界。有世界。名蓮華色。佛號滅暗智。彼有菩薩。名曰財首。與十佛剎。微塵數諸菩薩俱。來詣佛所。到已作禮。即於西方。化作蓮華藏師子之座。結跏趺坐。北方過十佛剎。微塵數世界。有世界。名薝蔔華色。佛號威儀智。彼有菩薩。名曰寶首。與十佛剎。微塵數諸菩薩俱。來詣佛所。到已作禮。即於北方。化作蓮華藏師子之座。結跏趺坐。東北方。過十佛剎。微塵數世界。有世界。名優鉢羅華色。佛號明相智。彼有菩薩。名功德首。與十佛剎。微塵數諸菩薩俱。來詣佛所。到已作禮。即於東北方。化作蓮華藏師子之座。結跏趺坐。東南方。過十佛剎。微塵數世界。有世界。名金色。佛號究竟智。彼有菩薩。名目首。與十佛剎。微塵數諸菩薩俱。來詣佛所。到已作禮。即於東南方。化作蓮華藏師子之座。結跏趺坐。西南方。過十佛剎。微塵數世界。有世界。名寶色。佛號最勝智。彼有菩薩。名精進首。與十佛剎。微塵數諸菩薩俱。來詣佛所。到已作禮。即於西南方。化作蓮華藏師子之座。結跏趺坐。西北方。過十佛剎。微塵數世界。有世界。名金剛色。佛號自在智。彼有菩薩。名法首。與十佛剎。微塵數諸菩薩俱。來詣佛所。到已作禮。即於西北方。化作蓮華藏師子之

○釋 文

座。結跏趺坐。下方過十佛刹。微塵數世界。有世界。名玻瓈色。佛號梵智。彼有菩薩。名智首。與十佛刹。微塵數諸菩薩俱。來詣佛所。到已作禮。即於下方。化作蓮華藏師子之座。結跏趺坐。上方過十佛刹。微塵數世界。有世界。名平等色。佛號觀察智。彼有菩薩。名賢首。與十佛刹。微塵數諸菩薩俱。來詣佛所。到已作禮。即於上方。化作蓮華藏師子之座。結跏趺坐。

這是十方諸大菩薩，文殊師利菩薩與其他九首菩薩共來此道場，他們是以光來現他們的佛刹。刹有金色的，那是刹的莊嚴，是以金成就的。每個刹的菩薩，都是莊嚴他的佛國土，或者以大寶莊嚴的。刹是純淨的佛刹，淨修梵行的，刹是淨土行成就，都是清淨的刹土。十方大眾都雲集了，一方是一段，共有十段。一一分內，有遠的、有近的。先說遠近，之後說土的名字，說佛號，上首菩薩是誰。之後說眷屬俱，詣佛處，到佛那裡致敬。致敬之後，現蓮華寶座，都是自己帶寶座來的，化現來的。

爲什麼都說十呢？《華嚴經》都說十，十就表無盡，說到十，不再說了，若說起來是無窮無盡的。等到〈入法界品〉，也是集刹海，直接說十，不列名號，表無盡的意思。所表的絕對不是初信，所來的方不是一方，而是十方。不說從外方來，但說來，不說外。「而實佛土本無遠近」，沒有遠也沒有近。所來的佛土都表色，都要說個色，表色。色表什麼呢？色有表顯的，可以生信。「有信無智，增無明故。」佛的號都叫智，在信上沒說智，表信。爲什麼？智是對無明說的。「信中之智，本覺起故」，由本覺而生起的，「主同名首者」。

「文殊師利」，梵語叫「室利」，華言翻「四實」。第一個是首，單解釋「首」字，以信爲首，信爲能入，能入一切。說以信爲首，信沒入位而能攝諸位，住、行、向、地、十一地都攝了。第二是勝，信最勝故，在次第行中，殊勝的勝字，解釋就是信。吉祥就是創發信心，最吉祥了，信心就是吉祥。文殊師利菩薩發明一切衆生的信，信自己的心是佛，這樣的信，最吉祥了。德，信能增長智慧的功德，等於一切德。這是譯者簡略的說明，不叫解釋。十菩薩同表信門，皆云室利，文殊師利菩薩的師利，各隨一門，達一切法。「室利」就是「吉祥」，而不直接說吉祥，而是說「室利」，表隨緣故。室利爲首，以下說十首菩薩，也是這個道理。

在唐代，「余親問三藏」，「余」是指清涼國師本人。「余親問三藏，有同此說，今欲會意，故前收四說。」這四種說明是清涼國師問譯者，問興善三藏。興善三藏承認這個說法，是會意，首、勝、吉祥、德，都是文殊室利。每一個眷屬都表有十剎塵，十佛剎微塵數。這是表什麼呢？表一一行，一個行就攝無盡的德，都到佛所來，都歸向於佛。

十首菩薩的名字是表法的，菩薩所行之行、所證之理，是首要的，都表「首」。十方諸佛的名號，名號就表那個佛所得的智慧。舉個例子說，東方言金色，心性無染，心性無染就是金子，不論是什麼器皿，金佛也好，金香爐也好，金子本身不是器皿。假外緣把自體變化了，成就器了，以這個器爲自體。你打個金香爐、金寶瓶，以這個緣成就這個器皿，金寶瓶是它的自體，它的體是金子。表什麼呢？表示一切智慧，一切智慧就是空，智慧表空，空表智慧。不是像我們所講的空，那是斷滅的，那不是智慧。本智表空，就是離覺所覺，沒有能覺所覺，離開覺的所覺。唯本覺智，離覺所覺，它是湛然不動，動就是妄，就不叫智。縱然成了佛果，佛果不異於凡夫。爲什麼？凡夫也具足本覺，本覺的智。縱然成了佛果，不異於凡夫，這叫本覺智。住到心眞如，我們雖然沒有住到心眞如，我們具足心眞如法是不變的。我們不能住到心眞如，住到妄了，妄盡還源，還歸於本覺眞如，那就單修一個觀，叫妄盡還源觀。

菩薩妙德者，慧達佛境，處處文殊，由慧揀擇，契於本智。若分因果的話，處處文殊，從慧揀擇，難云難通，通亦難，云亦難，說不出來，通難吧！想跟他通，難了，通達這個智慧。若分因分果，通難、說也難。處處都是文殊，這是由慧之揀擇所作的理解。文殊是表慧的，一個智，一個慧，智慧這兩個沒法分，但是智慧有多門，現在把它分別，怎麼分別呢？分別就叫慧。決斷，下決定義就叫智，這樣來分別。以慧爲因，以智爲果，這是菩薩妙德。清涼國師作這樣的解釋。覺首菩薩、財首菩薩、寶首菩薩、德首菩薩、目首菩薩、精進首菩薩、法首菩薩、智首菩薩、賢首菩薩，一一都加以說明。覺心性故，無性不礙隨緣，隨緣不礙無性，無性而隨緣，隨緣而無礙，隨緣不礙無性，無礙智慧。不染而染，隨衆生緣，染而不染。這些是最難了知，我們凡夫弄不清楚的。所有色法，就叫妙色。

「財首」，法財的教化，滅你的癡暗智慧，了衆生空故，如蓮華不著，蓮華出淤泥而不染，用蓮華來形容。「寶首」，眞俗相順，珍貴的東西是一樣的，所以叫寶首。善知一切業果，不犯威儀，性相無違，唯一乘旨，這就叫「寶首」。「德首」，了達如來應現說法的功德，明於法相，了於佛德，心明白，這就是智，如青蓮華，出淤泥而不染，最爲第一，「德首」。「目首」，福用照導。目是眼睛，眼睛把你身體領導到得明明白白的，還不能墮到坑裡。這是什麼呢？爲究竟智，是最可重的，所以叫金色。佛爲福田，福田爲金，這跟前面的文殊師利，所住的金色世界是一樣的。「精進首」，正教甚深，一定要精進，精進能策勵修行的一切行門，能策萬行，最勝的智慧，圓明可貴。「法首」，法門雖多，必在正行，於法能行，在法上能得自在。爲什麼？般若的堅利，爲金剛色。

「智首」，佛之助道雖然有無量的法門，智爲上首，能淨萬行，故云梵智。智淨，體淨，所以叫「智首」，明徹無染。「賢首」，前佛後佛，一道清淨，不論過去的佛，未來的佛，現在的佛，一道清淨，自性善，故曰賢。能了知此賢者就是觀察力，觀察本性常平等故，永遠平等。

現在講十首菩薩。十首菩薩以文殊師利菩薩為首，文殊師利菩薩稱為妙德，因為文殊菩薩的智慧，能夠慧達佛的境界，處處都是以慧顯文殊，其餘九首菩薩的智慧同歸於文殊師利菩薩智慧。慧的意思是慧達到佛的境界，佛的境界是甚深的，十首各自的涵義不同。佛佛相望，菩薩亦如是，是以文殊智慧為總，以下的九首菩薩分別成就文殊師利菩薩總的智慧。慧的意思是達到佛的境界，佛的境界是甚深無礙的。慧的意思就表示緣起甚深，心性是一。教化甚深是財首，心性是一是覺首。寶首是形容業果甚深，德首是說法利益眾生，德，以此為首。目首是指福田。精進首是指正教。法首就是正行。智首就是助道。

此處所講的文殊師利，從東方來，東方世界是不動如來，以智慧為體，不動是體，其餘都是用，體用，諸佛都如是，佛佛相望，十菩薩也是互相相望。文殊師利菩薩是主，其餘都是別，因為其餘的九位菩薩，都不離妙德，因此而講文殊為總，或者是以法門來說，文殊師利菩薩是主般若，般若是顯智慧，智慧者統收萬行，其他的九首菩薩都是隨緣而產生一些別相。約明佛的德，這些菩薩跟佛是相同的，這表示同相！總相、別相、同相、異相、成相、壞相，是《華嚴經》講的六相。這些菩薩是總顯華嚴的總義，以文殊是總相，其餘諸菩薩就是別相。在〈合論〉，方山長者說世尊知道這些菩薩的心，如來才以神通來答覆眾生心所念的，用神力答覆的。

神力就表現法的意思，表現什麼法呢？令一切衆生能夠生起信心。

以上所有神通所現的法，就是顯住、行、向、地、十一地，所現的法就是五位，五位就是住、行、向、地、十一地。因爲佛的名號是隨著住、行、向、地、十一地而名號有所不同。一切的國土就是刹土，一切刹土，對於各個衆生的因緣不同，佛的名號也不同，時而又說到毗盧遮那，時而說到釋迦牟尼，時而說到盧舍那，這是總。還有文中所說的，其他的種種名號，各個不同。

以下文中，文殊師利所說的諸佛名號，涵義就是這個意思。爲什麼？約衆生的信解力，現在總說的就是信，說諸佛的名號，總的是爲了讓衆生生起信。明五位的因果使他生信，信了心裡沒有罣礙，沒有不通之處，這時候才能解，解之後就修行。例如你上哪去，得先通達這個路，道路暢通不暢通？有沒有障礙？你要想走這條路線，先問問這條路通不通？菩薩在初發意成就他的信心要知道五位修行之中所有的障緣，所有的障礙。之後要發願，信了之後一定要發願，因爲信了，信了要去做，願是導行的，以願來指導你的行動。大家共同來學習華嚴，學華嚴的目的，就是要了解。我們要想照華嚴所教授的方法去做，你先得要了解華嚴所說的，怎麼樣隨順華嚴的義，才能進入華嚴的果，你先得要信。

第一個要相信自己的心，信心！爲了一個信自己的心，佛教授很多的方法，都是讓你先信。我們說有信心，信自己的心，不要把這個最初的法門看成很簡單，以爲我們歸依三寶，入廟燒香磕頭，乃至剃髮出家，就是有信心，這是錯誤的。如果這樣就認爲自己有信心，是錯誤的。我們現在整天的思想當中，都是分別。但是，你要想自己分別的體是什麼？自己找找自己的心。心，不是識。要能認得自己的心，是毗盧遮那佛，是不動如來，他的智慧體，智體。雖然我們一天在分別，分別的性，所分別的體，是一切諸佛的智德。

我們的心跟一切諸佛的體，不說修、不說迷悟，總說這個心，我們的心跟諸佛的心，同一個心，這是最初的信。之後再信一切諸佛，不動佛，不動如來，他的智體就是我們的性，我們的無分別性，就是不動如來的智體。爲什麼？你要這樣子信，有這個知，知道自己的體性，這個知不是一般的知，一切邪見，一切心外取境，以隨位妄識散動，一切妄識的所有動作，這些是障你本來的眞智慧，怎麼樣防護呢？用禪定波羅蜜來防護。

我們有這個信心，是能達到的。在清涼國師是以教義來定，達到第八住的時候，怎麼樣來防護呢？以一百四十一大願來防護。一百四十一大願是〈淨行品〉，文殊師利菩薩跟智首菩薩說的，以〈淨行品〉一百四十一願來防護。這個時候對生死沒有愛樂了，願眞智現前。如果在生死法當中，不能遠離，眞智沒辦法出現，因爲樂生死障眞智。用什麼防護？用什麼增長？用四念處觀，用三十七助菩提分防之，乃至於十四諦觀、十二緣生觀，都是防護的。你的心若是很散亂，又怎麼能夠修定呢？你要想得到定，經常要修觀。觀什麼呢？觀四念處。四念處是身念處、受念處、心念處、法念處，身受心法，經常觀照你的身、受、心、法。

我們觀身不淨，就是觀我們現在這個肉體，父母所生的這個肉身，從內到外都不是清淨的，一天洗多少遍澡也不行，除非把肚子拉開了，把腸胃都拿出來，到河邊上去洗，可是辦不到，沒有這個本事。身念處，觀這個身不淨，就是現在你父母所生這個肉體，不論內或者外，充滿了污穢，觀身不淨。觀受即是苦，受是領納為義。我們認為受樂是樂，其實樂是苦的因。受就是有苦樂感覺的時候，我們現在玩得最高興的時候，那是最樂的，玩完了，苦了。樂是苦的因，苦是樂的果，樂是從苦的因緣而出生的，所以不樂。世間上，沒有一法是樂的，沒有實在是快樂的，因此你觀受是苦。苦受不說了，樂的享受，之後就是苦，每個人都可以這樣觀。

你問剛結婚的夫婦，他們是快樂的，是快樂的？是苦！生了小孩，要餵小孩。夫婦最初的時候，意見很相投的，很快樂，漸漸就不快樂了，這個快樂就是苦的因，之後一定得苦的果。生育子女，組織家庭，乃至子女長大了，他是討債的，一天惹你煩惱。你可以從小處家庭想，想到入社會，你觀想吧！每個人都可以，從能記事以來，五六歲讀小學，一直到現在，你感覺快樂的時候有好多？沒有！都是苦，受是苦。只要你生下來，生的時候就很苦，領受生命之處，這是感苦果的。因為樂是從苦的因緣而生起的，之後還歸於苦。這世間全是苦的，你可以如是觀。

心念，觀你的起心動念，動念就是起心，我們是指思念想，其實就是心動。這個心，數數變化，從白天到晚上，在你的生活當中，心有停歇的時候嗎？你說眼睛看，你說眼睛看嗎是心看呢？這個大家去觀吧！是你的心在看！心專住一境的時候，想到別處了，眼睛睜得很大的，人家在你面前經過，你都不認識了。這就是觀心無常，心爲眼、耳、鼻、舌、身，他是他們的主宰，如果不注意，別的沒有感受，說你這個心，念念的生滅，心是不住的。乃至睡覺又發生獨頭意識，要作夢了，反映過去的境況，境界又現前，心沒有住的時候，這是心念。

法念處，觀一切法，身受心這三種所遺留下來的一切，法不能自主，沒有自在的性，這些法無有我，我是主宰之義，一切法無我，一切法你作不了主，沒有一法你能作得了主，念念無常。因此你從苦找它的道理。身受心法這四種，觀他的理，這個理就叫諦，四諦的諦。觀什麼呢？觀、苦、空、無常、無我，如果把這四種轉變了，破除了，把他顚倒過來，就是智慧，把他們的體觀成智慧爲體，就是所觀之處。念處，念他的苦，念他的無常，一切都是假的，如夢幻泡影。念處是使你產生覺悟，覺悟就是轉化，轉化就是從理上認識，從理上認識就叫諦。一般叫四諦，《華嚴經》加個「聖」字，四聖諦觀。

《華嚴經》講以十波羅蜜利益衆生，十波羅蜜的道理很深，有時候還不能完全普徧，就加上四攝四無量等等諸法，輔助成就十波羅蜜。讓一切衆生在法上諦觀，觀這些法來求他的果德，樂的果德。同時再生起十迴向、大願、大慈、大悲來助成，意思是讓你捨去六道輪迴，因爲六道輪迴都是苦，沒有樂處，這些都是違背你的道心，違背道心是說違背菩提心。以四攝、四無量來輔助成就十波羅蜜！布施、愛語、利行、同事是四攝法，四無量法是慈悲喜捨，通名無量。菩薩心是廣大的，慈無量、悲無量、喜無量、捨無量，加上「無量」兩個字，就曉得我們所有的慈，距離無量還遠得很。舉這麼個例子，說這些都成就什麼？成就信心，在《華嚴經》上最初講的，就是成就你的信心，乃至於住、行、向、地，都是從信而得入的，信心通一切位。

因此十信心能通達到一切位，都變成信，若能信心堅定，以後諸位，所有一切法都能達到。我們最大的障礙就是疑惑，如果疑惑不除，信心成就不了，什麼作用都沒有。想了生死辦不到，想斷煩惱辦不到，求解脫辦不到，還甭說達到究竟佛果，因此必須得有信。《華嚴經》最初講的是舉佛的果德，舉佛的依正二報，舉普賢菩薩入的三昧，乃至現在文殊菩薩所教導的，都是以信爲主，信什麼？信果德。沒有信心，怎麼能斷惑！不能斷惑，怎麼能修道？道修不成的。

你的懷疑心不除，信心成就不了。諸位道友不感覺，同時也沒有體會到，經常問這問那，這是你不信，什麼事都懷疑。你若說他不信，他不承認，說自己什麼都不懷疑，其實什麼都在懷疑。天天學經天天看，念各種經論，他還在問。出家十年、二十年，他還在問，不知道怎麼修行？有時候道友問我這個話，我懷疑你信佛了之後，這一二十年究竟在幹什麼？到現在還沒摸著門，還問怎麼修行！佛說了那麼多法，念佛也好，修禪觀也好。天天看經，經在說什麼？經叫你幹什麼？每部經都有修行次第，這部經你會背，但是怎麼修行你不知道。

我說這個意思，就是你不信，既不信理也不信事。理是你的心跟佛無二無別。事呢？每部經都告訴你，怎麼樣修行的方法。光在方法上去分別，去起疑惑，找這個方法，找那個方法，沒一個方法你去做的，也沒一個方法跟你是相應的。如果疑心不除，信心成就不了。爲什麼我們講《華嚴經》，一再講信，讓你信自己是佛，如果沒有這個信心，沒有辦法學華嚴。

你看這妙得不得了，其實是心的顯現，就是你的心！佛的心給你作榜樣，你的心跟佛的心無二無別。爲什麼？佛有神通妙用，你想學佛的神通妙用，如果不相信你的心跟佛無二無別，那個佛的神通妙用，你學不到的。佛所作的事業，你連信心都沒有，怎麼去做呢？這個信心，叫因該果海。有這個信心，相信佛所成道那些是眞實的。相信那個性體是眞是實，有時候稱爲實相，有時候稱爲法界，有時候稱爲妙明眞心，不管名字怎麼變化，還是你的心。《華嚴經》是舉出五位因果，講的時候是次第，行的時候是頓。從初信，信了，十信滿心到初住，初住了發心，再發菩提心，發那個道心，直至佛果，還是成就最初的那個信。善財童子五十三參，參完了，從大寶樓閣出來，彌勒菩薩還是讓他去參文殊師利菩薩，這是信，回歸最初發心的那個信心。這樣子，無論佛的神通，無論佛所作的一切修道事業，最初發的心，信的徹底，這樣就進入了，信入之後你再起修。完了入位的修行，到了登初住，信心才堅定。

這時候既不迷理也不迷事，理智上把諸佛果位所作的，在因位當中你能頓悟，那個所頓悟的，理解成熟了，不是成熟了就不作，再一位一位的，說一位就是五十位，五十位的因果，在十信當中都先說了。在《華嚴經》講，三際一世、一際三世。三世歸爲一際，一切成就到最後，成就一念。一念都具足了，五位因果，從十信總明。現在科學家講時空隧道，懂得這個道理，就能懂得《華嚴經》的道理。

時間空間，三世是很長的，就是你現前一念。爲什麼？《華嚴經》講的，佛果不離於初信之法，成就佛果，就是初信那個，所信那個，那個法就是心。法界的法，法界即是心法。所以在最初，如來出現，每一個菩薩心裡所念的，佛以神通力清清楚楚，什麼神通力？放光。佛放了那麼多光明，眉間光、座中光，已經答覆了。以後普賢、文殊到《華嚴經》最後圓滿的時候，還是答覆那三十七個問題。

一切諸佛的妙境，殊勝的妙境，乃至於度衆生所現的無量功德相好，永遠沒斷，隨著衆生的根器，能得入者，自然相應，能得利益的，自然能見。〈大乘起信論〉講，依著本覺而產生不覺，依著不覺而產生始覺，依著始覺而產生相似覺，依著相似覺而產生分證覺，依分證覺而達到究竟覺。都是依這個根本智，也就是智見。

講《華嚴經》之前，我們先講〈大乘起信論〉，〈大乘起信論〉講的很清楚，因爲我們迷了根本的智慧，所以產生世間虛妄的苦樂等法，隨這個染緣而不覺，因這個不覺就產生業用。這個業用就生出苦、樂，智上沒有，智慧就沒有。因爲你沒有智慧，所以是爲苦所纏縛，你不能解脫。你若理解了，理解這些是隨緣的，是不覺義，緣生諸法無自性。自性，本自寂然，沒有這些緣生諸法。他們覺悟明白了，不覺苦了，因爲苦無性故。就像衆生因爲自己根本智，自心的根本智沒有生起來，被染汙所蓋覆。在一乘教義，頓彰本來的面目，用什麼形容呢？依報用金色世界形容，法身自己清淨無染，彰顯本來存在的智慧，所以舉出來不動智佛。

爲彰顯文殊師利菩薩微妙的智慧，以下舉不動智佛，又舉了九位智佛、九位菩薩，隨自心信解，隨他證所得的菩薩行位，之後進修，一步一步增進法身和智身。在《華嚴經》講法身之外，還有個智身。從自心的本不動智佛，能夠見道、入位，入什麼位呢？十住、十行、十迴向、十地、十一地。逐步的進修，來成就法身和智身。四無量心、十波羅蜜，乃至布施、同事、利行、愛語四攝法，乃至三十七道品，從初發心，但是這些都建立在本不動智的體上，用他來資助所有一切修行的願行、所成的大願萬行。有時悲和願兩個相結合的，融合的，互相資助、互相成熟，沒有願力促成是不行的，先靠你發願。五位之中，各個建立十個佛果，十位菩薩，這是表什麼的？表你隨位進修，隨你所行每個位上的因果，五十位，十住、十行、十迴向、十地、十一地，這五十個位。行跟果各有五十，那就一百了，同名叫五個因果。

善財童子五十三參，參了一百一十城，這是表法門。清涼國師在這上假設問答，自設問答，說一切衆生本來都有不動的智慧，爲什麼不自應眞常清淨呢？爲什麼要隨染，何故隨染？應什麼緣故就染了？被染污所染。

清涼國師答，一切衆生以此智，因爲這個智而生三界。智不是定的，無性就不定的，不能自知是智、非智，不能知智是非智，對善惡苦樂等法，不能自知，非智。非智就是沒有智慧，是智就是這個智，不是定體的，他能隨染的，是隨染法。說智非智，不是眞智，所以對善惡苦樂這些法，隨緣，智隨緣故，自體是沒有定性的，隨緣故，隨緣而現的。比如在空谷裡頭，你喊一聲，四面聲音都回應，空谷傳音，形容這個智無自性，不能自知是智。應物成音，因爲外頭的染緣而成就，說無性的智慧隨緣而分別。因爲分別故就貪愛，愚癡就隨著生起了。因癡愛故我所病生，因爲癡愛故有病，病了就是愚癡了，病了就是被染汙，這才有我所、我、我所有。因爲自己、他人執著的業生起了，就產生執取相。執著取捨，號曰末那，以末那執取故，這才叫識。因識的種子，生死相續！我們可以把這智，理解爲智識的八識之淨分，八識還有一個染分，生和合識，有淨有染，這是染分所生起的。

就像我們講〈大乘起信論〉，一念不覺就叫無明，生了三細相，業、轉、現。外頭境界有滋長，業、轉、現，還在心體當中的妄分。但是因爲熏染，他不停，之後才說智相、相續相。智相、相續相，還是屬於外頭的染緣所成，這不是業、轉、現三相，業轉現三相還是體上起的妄分。妄不停故，遇到外邊境界，境界爲緣又長出來六粗相。智相、相續相、執取相、計名字相、起業相、業繫苦相。執取計名字，之後才取相續相，相續不停的起業、業繫苦。這都是因爲癡愛病生出來的。生了我跟我所有，就執著有我。以這個分別，越染越粗，因爲無明的癡愛，因爲癡愛故，生出來一切我所有的病，爲我所有，我、我所。有了我所，就執著起業，要造業了，執業便起。這叫什麼呢？叫識，八識當中叫末那識，以末那，執著取捨，執著末那爲我。這樣所產生的苦，可就無量。他想求不苦，想求樂，他在迷的當中，不知道苦，要發心，不知道發心。知道苦了，就求個眞實的，找個不苦的，歸還他本來的智慧。這個苦的緣，他不能捨，必須把苦緣捨掉，有淨的因緣才能知道是苦。

不學佛法的時候，誰知道這是苦？因爲學了佛的教授法，才知道一切的貪戀，都是你的貪求，貪求不止，苦也無窮。不知道苦，苦是怎麼生起的？苦是緣生起的，緣是怎麼生起的？緣只能助成，是你心裡起念，由你念的攀緣才生起的。如果是你信了，信了就求解悟。解了，這個解若沒有修行的功力，有時候惡停止了。善不是大善，而是一般的善，都屬於人天的果報，我們作一般的善事，如果不發願，沒有迴向，不求出離，六道輪迴你還脫不了，不過是享受人天的樂果。你若發心想成佛，想恢復本來面目，不讓智慧隨著迷去迷了，讓智慧生起悟解。這樣子你逐漸反轉，覺悟了就是智慧。不覺悟就是識，就是迷。所以智慧跟識，是在迷悟之間立的名，迷了就叫識，悟了就叫智。

因爲學佛法，我們能夠理解我們這個心，使這個心不去計較常，不去計較斷，斷常二見就是兩邊。不計較常也不計較斷，這是識跟智的差別。隨迷悟來立名，迷了就叫識，悟了就叫智。你要想找一個究竟處，達到究竟成佛之後，你才能知道，現在你想找個什麼是智？什麼是識？找個實在的東西，你找不著的。比如說飛機在空中飛，飛過去了，你在空中找飛機的痕跡，你找不到的。看見個人影子，你把這個影子當成人，永遠是錯誤的。把水中的月，當成眞正的月亮，也是錯誤的。意思是說你要在身體中求個我，找個眞正的我，身體裡沒有我。

你要經常這樣觀，「我的」鼻子，「我的」眼睛，「我的」耳朵，乃至「我的」身體，「我的」都不是我，而是「我的」。離開「我的」，眞我是無「我的」。它所依住的，哪個是眞的？就是這樣的意思。你想找個實在的，終不可得。這都是相對法的，對眞說的是假的，長短、方圓、大小，相對法，相對法沒有眞實的。沒有大也沒有小，沒有小也沒有大，這叫相對法。能夠在相對法當中，我們經常說無明跟智慧，因爲有無明才說智慧，因爲迷了才說智慧，無明、迷了沒有了，還說什麼智慧呢？菩提道是對待我們人間這個道，迷道了，菩提本非道，假名而已。說滅無明、證菩提，無明有無明可滅嗎？有菩提可證嗎？這要我們契入，不是語言表達出來的。也沒有無明可滅，也沒有菩提可證。

爲什麼這樣說？本來都是沒有的，從根本上是沒有的。沒有生，怎麼會有滅呢？本來就沒有，還滅個什麼！拿什麼來滅呢？不動是對動說的！不動智，因爲有動的無明才說有個不動的智慧，這都是相對法，本來無一物，還有一個什麼可滅嗎？還有一個什麼可生嗎？但是隨著名色聲聞力用，才有這些取著。

但是我們現在說知苦斷集，這是助緣，苦有逼迫性，逼迫你，不願意受苦了，想發心。發心，那能發心的心就是智。想不受苦了，其實苦本來也沒有，都是隨緣執著而有，什麼叫有爲法？什麼叫無爲法？這都是隨緣安立的，在我們根本的本體上，一切都沒有，這個沒有是般若的眞智慧，眞空。

爾時文殊師利菩薩摩訶薩。承佛威力。普觀一切菩薩眾會而作是言。此諸菩薩甚為希有。

答覆那些菩薩所問的問號，佛沒有答，只是放光答。現在令文殊師利菩薩答，文殊菩薩示現到這個國土，他是來自他方的。他方是對著此方說的，本來方沒有他也沒有自，沒有南也沒有北。爲什麼？它的本體是含著一切衆德。這種化滿塵方，通辯（偏）難思。文殊師利菩薩的智慧，是化滿。凡是有情世界，他的用通過去、通未來也通現在。他老早就成道了，我們在五十三佛裡頭，龍種尊王是老早成佛的，示現輔助揚化，爲千佛之師，諸佛之母，他現在在他世界成佛，到這個世界示現菩薩。摩尼寶積佛，過去現在未來佛母。不只給釋迦牟尼當老師，還給很多諸佛當老師，但是他要示現菩薩，輔助釋迦牟尼來利益衆生。廬山慧遠大師，稱文殊師利大士，是遊方的大士。慧遠大師是在晉朝時候，那個時候翻譯的經卷不全，這些經典還沒有傳入中國，所以慧遠大師稱文殊師利菩薩是遊方大士，到處遊，到處度衆生。

在《文殊菩薩般泥洹經》，佛告跋陀婆羅，有大慈悲生此國土。多羅聚落，梵德婆羅門家，說他生的時候，家內的屋宅都變成蓮華，從他媽媽右脅而生，示現生此國土。身紫金色，生下來就會說話，如天童子，有七寶蓋隨覆其上。此國土是說哪裡呢？就生在舍衛國，釋迦牟尼佛在這兒說法，文殊師利菩薩生下來，具足三十二相，八十種好，相好同佛。

還有的經說，生有十徵，十徵就是吉祥的意思，徵吉祥，十種瑞相，無非吉祥。文殊師利菩薩降生的時候，光明滿室，光明徧滿，甘露垂庭，地涌七珍，神開伏藏，雞生鳳子，豬誕龍豘，馬產麒麟，牛生白澤，倉庫都變成黃金，滿倉庫都是黃金！象具六牙，六牙白象。因此得到什麼名字呢？妙吉祥。但是，《華嚴經》講，文殊師利從東方金色世界來，來到此土。不但自己來，還帶著十佛剎微塵數菩薩來到此世界，並不是此世界所生的那個文殊師利。他方此界一也，《華嚴經》這樣說。爲什麼？這個地方顯文殊師利菩薩的殊勝，因爲那些助手菩薩，都是他方世界來的，不是此娑婆世界的。

文殊菩薩一到如來佛所，就降伏諸魔，入了這麼一個三昧，什麼三昧呢？降毀諸魔三昧。這樣說是表文殊大士的不可思議，應時三千大千世界百億魔宮，一時皆蔽，這些魔王都懷疑恐懼，魔宮都住不住了，魔王波旬見自己衰老，走路都沒法走，氣也沒有，不但自己老了，所有的才女、魔宮都衰老了。魔宮的宮殿都崩壞，都藏在黑暗之中，不知東西。這時候魔王波旬害怕，懷著恐怖身毛豎起，心自念言，這是什麼變怪，令我宮殿都沖塌了，我將死了，要下地獄，命快盡了，天地都災難，劫被燒毀。

魔王本來是貢高我慢的，在災難時候都捨棄了，放棄瞋恚、憍慢。這個時候文殊師利所化的百億天子，文殊師利化身往諸魔前，對魔波旬說：「你莫懷恐懼，不要害怕，汝等之身終無患難！沒有什麼災難，因爲有不退轉菩薩大士，名文殊師利，威德殊絕，總攝十方，他的德勝過你太多了。智超江海，慧越虛空，他現在正入降毀魔場的三昧正受，這是他的威神，你不要害怕。」時魔恐懼，魔宮震動，求化菩薩，願見救濟。魔王對化菩薩，就是文殊師利菩薩的化身說，你快救救我吧！乞求文殊菩薩來救他，菩薩答應：「勿懼！」說你不要害怕，你可以到釋迦如來所，釋迦牟尼有無盡的慈悲，能消除你這個畏懼。

說完了，文殊師利隱身了，言訖不現，隱身了。魔王率他的眷屬都來到佛所，請佛救他們。說我們一聞到文殊的名，就恐懼得不得了，不能安心，恐怕生命快不能住於世。佛因此讚歎文殊，魔王也請佛給他們授歸依，度脫這個苦難。佛說：「且待須臾！文殊當來，文殊菩薩會到我這來的。他一來了，你們就脫了這個苦難。」文殊至，文殊就至到佛前。佛問三昧，佛就問他所入的降魔三昧，令他捨諸魔，不要入這個三昧。文殊問魔：「汝穢惡此身否？說你對你的身體厭離不？」魔王答：「爾。」「爾」就是「是的。」我當厭離欲事，所有五欲的境界我都厭離了，厭離三界，不住三界。文殊菩薩說：「好了，你們各復本形，五體如故。」這是說文殊菩薩降魔，清涼國師把它引證來。

看到這個故事作何感想？怎麼樣理解？我理解得很淺，你可以念「嗡阿紮巴雜那地」，念文殊菩薩心咒，文殊菩薩就在你的心裡現，你可以把疑惑除掉，把所有的魔障除掉。當然不是一念就靈，得多念。爲什麼？因爲你的心還不靈，多念業障消失了，心靈了，效果就出來了。修行修行，修行就是用的功，功又產生用了，功一定有力用，這個功達到有力用，業障消失。在我們身上，自己就是魔，五蘊魔有五十種，魔很多障礙明心見性，障礙了脫生死，障礙成佛。同時，《文殊師利菩薩般泥洹經》，佛說文殊師利菩薩最初來度諸仙，仙人求出家法，諸婆羅門，九十五種論師，佛給他們說法的時候，他們不能酬對。所以這些外道求文殊師利度他們，文殊菩薩以此名聞聲揚，傳播於三千界內。

有關文殊師利菩薩的事迹很多，我們能夠在五臺山，有緣能夠作爲文殊師利菩薩的弟子。我們學《華嚴經》，《華嚴經》是以普賢、文殊爲主，佛只是證明。所有諸法，大家從開始到現在，佛只是現相，現相之後是普賢、文殊宣揚諸法。大家應當作如是觀，如是想。我們怎麼樣做文殊師利菩薩的弟子，只聞《華嚴經》的一句一偈，學普賢的行願，學文殊菩薩的大智，入文殊門，入普賢行門，皆得成就。這不是用語言文字來形容大士不可思議，那是什麼意思呢？承佛的神力，有如是因緣，要我們理契文殊之智慧，觀視普賢菩薩的行願。妙德冥冥加持我們，是冥冥的，不是顯現的。所以二大士以果成因，我們是以因成果，同生起這個信心。

諸佛子。佛國土不可思議。佛住。佛剎莊嚴。佛法性。佛剎清淨。佛說法。佛出現。佛剎成就。佛阿耨多羅三藐三菩提。皆不可思議。

以下經文是讚歎佛的不可思議，佛的依報不可思議，佛說的法不可思議，佛成就的果德不可思議。因爲佛難出世，佛出世也難得遇到。感應，我們的感跟佛的應很難得值遇。剛才念的是從佛土到佛住，到佛剎莊嚴，到佛所說的法，到佛出現，乃至於佛證得阿耨多羅三藐三菩提，都是不可思議的。中間只有佛的「阿耨多羅三藐三菩提」在〈疏〉上加以解釋，翻譯的有所不同。「阿」翻「無」，「耨多羅」翻「上」，前面這個「三」翻正，就是三藐的「三」翻「正」，後面三菩提的「三」

就翻「徧」，假使讓我們來翻，前面的「三」跟後面的「三」，一樣的「三」，翻成同一個意思，那就錯了。「阿耨多羅三藐三菩提」翻成「無上正等」，後面的「三」就翻「徧」，「菩提」就翻「徧覺」，「菩提」翻「道」，就說無上的菩提道，無上的覺道。一般稱「無上正等正覺」，有時簡略了就是「正覺」。「正覺」的意思就是覺悟，正對邪說的。「無上」就是最高尚的意思，再沒有超過的，「無上正等正覺」，再沒有超過佛的。以下是說佛的弟子。

何以故。諸佛子。十方世界。一切諸佛。知諸眾生。樂欲不同。隨其所應。說法調伏。如是乃至等法界虛空界。

一切眾生，凡是聞到佛法的都稱佛弟子，這是文殊師利菩薩說的，諸佛子，十方世界一切諸佛，哪一尊佛都如是，佛佛道同。他知道眾生愛好的不同，這是隨機說法，隨能應能教化，能夠說法調伏，佛就與他說法。前面是舉諸佛子，佛不但是依報的莊嚴、正報的莊嚴，乃至佛所說的法也是莊嚴的，總上所說。

隨眾生所應當以何法調伏，佛就說什麼調伏。調什麼呢？調他的身心，降伏他的煩惱，這句話是很普徧的。如來普應一切眾生，這個只有佛佛能夠理解到，像我們揣測是理解不到的。隨機說法，眾生種種愛好，種種不同，佛就隨他一一的說法，就說了很多法門，爲什麼法門那麼多？就是眾生的愛欲不同，愛好不同，所以說種種法，隨他所愛樂的。有時候佛說法是相同的，這是同一機故，有時佛說法，像一般來說，按四教按五教分類，按四教分藏通別圓，按五教來分小始終頓圓，其他的法相、律宗，各個不同，這都叫隨機。佛在行菩薩道的時候，在因地當中，用種種語言示現種種業，也示現種種根的不同，說種種方便的法門，目的是成就眾生，消滅煩惱，證取眞如，這叫隨機說法的意思。

諸佛子。如來於此娑婆世界。諸四天下。種種身。種種名。種種色相。種種脩短。種種壽量。種種處所。種種諸根。種種生處。種種語業。種種觀察。令諸眾生。各別知見。

這一段話是顯佛的，「略顯十種，差別多端」。佛就在娑婆世界四天下中，現種種身。說種種身，十法界不同。對人類來說在人法界，在天道來說，對天人來說，各個法界的不同，因此佛就示現種種身。名必具義，名底下必有涵義，示現種種名。我舉釋迦牟尼，「能仁」，以大慈大悲利益眾生，但是他在定中，「寂默」，這名字的涵義，就是定慧雙運。定就是佛不動圓寂，就是寂滅、寂靜，而能普偏利益眾生，來示現種種色相，色相有脩長有短，後面也有長短，處所各異，這在其他經論都印證過。佛並不是光現佛身，而是什麼身都現，種種的生處，種種的語言，觀察一切眾生，觀察佛的智慧照了。這在佛的其他經論當中，常時現種種的相。

這在引證《觀佛三昧海經》，《觀佛三昧海經》說，佛給他的父王現一切種種相，向他父王說法。那麼，佛對他父王說，「乃敕阿難，吾今為汝」，悉現具足之身。佛從他的座起來了，從頂上乃至於足，現種種妙色身相。佛叫阿難，讓你觀我的微妙色相！阿難就如是想、如是觀，佛從足下一直到頂，一一身分，乃至於足、膝蓋，一直到上分，分明了了。這是什麼意思呢？說是過去生，如果沒有毀犯佛的禁戒，你的身也如是。一切諸人的身都如是，佛的色相本來是一相，示現的一相，但是所有在會中的人，各個見的不同，有的見有五百釋子，他看見佛的身體，像挖煤炭的人，渾身都是黑的。還有千百比丘，有千比丘，他見佛的色身是赤土色。還有十六優婆夷，見佛的身體像黑象的腳色。還有二十四優婆夷見佛的身如聚墨。在會中的比丘尼，見佛的身如白銀，有的優婆塞、優婆夷，見佛的色身是藍染青色。

在這個時間，所有比丘、比丘尼、四眾弟子，各人述說自己的所見。佛本來是安慰他父王的，安慰畢，這些出家的釋子，也就是出家人，對阿難說，因為我們過去的罪業，不見佛身。什麼原因？阿難就向佛請求，佛就說這個因，過去在毗婆尸佛的時候，有位長者叫日月德，他有五百王子，聰明智慧，有聰明、有智慧。但是，不信父王之教，不信他父王的教法。在臨命終時，他父親跟他們說，「汝等邪見」，說你們邪知邪見，不相信正法。現在無常到來了，無常猶如刀，今無常刀，割汝的身心，還能有什麼來護持你呢？沒有方法了，說你們頂好稱毗婆尸佛名。剛念毗婆尸佛，還沒念法，沒念僧，就死了，因爲稱佛名故，生到四王天。

又因邪見故，天命盡了，墮到地獄，地獄的鐵叉，刺他們的眼睛，這時候他們回憶起來，他的父王教導他們的就是日月德長老。因爲依他父所教，稱念佛名，又能生到人中，在人中的時候，六佛出現，賢劫七佛，六佛出現，聞名而不得見，只聽到名字見不到像。

這是舉故事，證明能見不能見的原因，見到佛的相貌，顏色的不同，今生來見釋迦牟尼像的時候，各種不同的樣子，說明諸佛隨應說法調伏的意思，是因爲過去的業，所以他見佛的種種色相，乃至看見他的壽命不同。我們看見釋迦牟尼佛只是八十歲，天人見佛還在說法。智者大師入法華定的時候，見到釋迦牟尼佛還在說《法華經》。所見的不同，就是所有的業感不同。有的見到佛身很矮小，有的見到佛身很高大，大菩薩見佛身千丈。乃至壽命的限量，劫數的長短。有的佛不滿一百歲，還有的早晨生了，晚上就入滅了；有的是無量劫；有的是不滿百歲，釋迦牟尼佛不滿百歲，八十歲就示寂了；阿彌陀佛則是無量劫。

在《涅槃經》，諸天的壽命不同，如來是天中天，諸天的壽命都那麼長，爲什麼佛的壽命那麼短？隨緣了。還有《彌陀經》的六方佛，其中的月面佛，一日一夜，壽命就是一天，在《佛名經》第六品，妙聲佛的壽命六十百千歲。智自在佛，壽命十二千歲。威德自在佛，壽命七十六千歲。摩醯首羅陀佛，壽命一億歲。梵聲佛，壽命十億歲。大衆自在佛，壽命六十千歲。勝聲佛壽命百億，月面佛壽命一日夜。日面佛，壽命一千八百歲。梵面佛，壽命二十二千歲。

又第二云，諸佛壽命，長短差別，有十阿僧祇百千萬億。〈毗盧遮那品〉云，一切功德須彌勝雲佛，壽命五十億。佛的壽命長短，隨他所教化的衆生。娑婆世界的福報太薄了，感得佛的壽命只有八十歲。佛所住的處所？化現所住的處所，染淨不同。我們衆生的眼根也不同，隨感而現異，生處、語言、方言，各隨各的方音都不同。

這些身、名爲什麼有這麼多差別？形容佛隨衆生的因緣。這是說衆生所見的佛身，佛所示現的身。佛說的法呢？是四諦法，佛說這個法，本來是普徧的，就是四聖諦法。在〈四聖諦品〉中，佛所有的問答，《華嚴經》說的四聖諦，前頭加個「聖」叫〈四聖諦品〉。那裡頭對於這些問題，以身相語言廣說。下品的〈光明覺品〉，明佛的光明徧照，佛的威德，佛所說的法性理體，所有的一切問答，種種觀察，在〈光明覺品〉，也就是顯現上來所說的這些問題，〈光明覺品〉會詳細的說。

又者，聖人無名，爲物立稱，聖人沒有一定的名字，隨衆生機而立的。二者隨佛所證得的德而立。要是從德立，佛德無邊際，名也無邊際。隨機立，就是隨衆生來立名，等衆生界，衆生界有好多，需要什麼名稱，佛就立個名稱，都是隨機的。

無論現行、說法，目的是什麼？隨衆生機的目的是什麼？只是令衆生行善、滅惡，多觀心性，立這個理，由生善、滅惡，見到眞理，因此而立名，這個名就引發衆生生起善念，滅除惡念。不要在事上分別，要悟得心性上的理體。就佛說，他能夠頓現，不生一點執著，衆生不要起執著。

依著清涼國師在〈鈔〉裡頭所說的，以四悉檀來解釋：第一「世界悉檀」，佛的意思令衆生生歡喜而立名的，所有的語言、所有的事相，都是隨衆生的機，「世界悉檀」是衆生應以何法而能攝受，佛就以何法攝受他，隨衆生機相應的，就是對他示現，這個叫「世界悉檀」。第二「生善悉檀」，就是爲人，利益衆生，主要是人類說的；第三「對治悉檀」，叫你生善，就是「滅惡悉檀」。第四「見理悉檀」，顯義理，就是我們說的，相信自己的心，自己的心與佛無二無別，這是從理上證得，讓你能夠見理。見理就是第一義，我們經常說的明心見性。

四悉檀又名四隨，就是隨衆生機。在〈菩薩問明品〉，佛是頓答的，海印頓現。以無盡之名，以無盡之身相，說無盡之法門，那不只佛的一個名號，佛在很多經裡頭，演說很多佛的名號，像我們看的五十三佛、三十五佛、千佛。

佛的名號是隨機說法的。在依報當中，娑婆世界之內就是百億國土，娑婆世界臨近的、百億國土之外的，又通一切，那叫盡十方。乃至隨衆生之類的差別，所有的國土，所有世界的名稱，那有很多很多，也是無盡的。僅就我們娑婆世界閻浮提，說四洲之外臨近的很多很多洲，沒有詳細說，下文就重複的說。重複說什麼呢？說佛的名字，說佛的名號。說如來於此四天下中，就是這個四大部洲，南贍部洲、北俱盧洲、西牛賀洲、東勝神洲，東西南北，佛的名字有很多。

諸佛子。如來於此四天下中。或名一切義成。或名圓滿月。或名師子吼。或名釋迦牟尼。或名第七仙。或名毗盧遮那。或名瞿曇氏。或名大沙門。或名最勝。或名導師。如是等。其數十千。令諸眾生。各別知見。

「十千」就是一萬，一萬個名，一萬是總數。眾生的知見很多，喜歡聽這個名字，他能進入，聞到那個名字，他能進入。這四洲，過去其他經論上，就叫閻浮。除北俱盧洲之外，這三洲，就是三天下。佛有時候不住世，佛有時候出世，或有時候示現其他的身，隨眾生的機！有的能見佛的，有的見不到佛的，我們雖然沒見到佛，還能見到像，有的連像也見不到。這個地方說「一切義成」，「悉達多」就翻「一切義成」，沒有一事不能成就。

或者叫「圓滿月」。惑業都斷除了，智慧顯現了，自然了，惑盡了，得到清涼了，叫圓滿月，像月亮似的。「或名師子吼」，師子吼就是決定說。釋迦牟尼，翻「能仁寂默」。「第七仙」，第七仙者就是七佛當中最後的一尊佛，賢劫當中，本來釋迦牟尼是第七仙，仙就是比喻沒有欲染的。

「瞿曇氏」是佛示現受生的，化身示現受生的。這個名字是他那個國土，那個王位，轉輪王位，釋迦就是那個種族的名字，化佛的種族名字。釋迦牟尼，姓瞿曇。

「大沙門」，我們翻「息惡」，息滅貪、瞋、癡，一切惡都止息。因爲息滅一切惡，所以稱爲「大」。我們普通出家人稱沙門，他向息滅貪瞋癡進修。

「最勝」的意思，佛在人中，在一切的仙中是最殊勝的，說他的德，再沒有超過他的，就是「最勝」。

「導師」是引導一切衆生脫離苦難，又者領導衆生出生死海，我們經常這樣形容。又者以前出海的船都請一個導師，因爲不知道航線，以此形容「導師」的意思。

諸佛子。此四天下東。次有世界。名為善護。如來於彼。或名金剛。或名自在。或名有智慧。或名難勝。或名雲王。或名無諍。或名能為主。或名心歡喜。或名無與等。或名斷言論。如是等。其數十千。令諸眾生。各別知見。

因爲衆生各別知見，又有這些佛名號。「善護」的意思，善護一切衆生不要去作惡，都能行善。「斷言論」，是沒有言說了。我們經常講離言眞如，說的時候沒能再超過佛的，這樣的斷言論。凡說法者，沒有再能超過佛的。清涼國師在〈鈔〉裡頭舉一段故事。說在《大薩遮尼乾子所說經》第四卷，國王叫嚴熾王，請薩遮入宮供養，他就問：「大師！有沒有人能於衆生界，有聰明、有大智慧，是利根的？有過沒有？有聰明、有大智慧的，他還有過沒有？」薩遮答言：「有！」。以下有十種的問答，大意皆同，意思都是一樣的。

一問是誰？一云能雨婆羅門，聰明大智，常多淫欲，喜侵他妻。第二，婆羅門、頗羅墮婆羅門，睡眠最多，多睡。第三，黑王子名叫嫉妒，多嫉妒。第四，勝仙王子多殺生。一個多淫，一個多睡，一個多嫉妒，一個多殺生。第五，無畏王子，慈心太過，沒有智慧。第六，天力王子太愛喝酒，飲酒太過。第七，婆藪天王子，行事太過。第八，大仙王子，貪心太過。第九，大天王子，輕躁戲笑，放逸太過。第十，波斯匿王，噉食太過。

第十一問：「還更有不？」答云：「有。王亦有過，謂太暴惡急卒，太暴惡、太急卒。」王聞大怒，發脾氣了，令殺尼乾，要殺這個尼乾子。尼乾子說：「乞容一言。大王你暫時不殺我，聽我說一句話。」王就沒有殺他。他說什麼呢？「我亦有過。」有什麼過呢？「實語太過！」我太說實話了。我於暴卒人之前，說了實話，我在你面前說了實話，所以太過，不應該跟你說實話。他這麼一說，國王就悔過了，就悟得了。之後就問他：「還有沒有大智慧利根人無有過，什麼過都沒有？」答云：「有！」尼乾子答說有。國王問他：「誰呢？」他說：「沙門瞿曇！」就是釋迦牟尼佛，他從來無過。

同時在《四圍陀經》中說，釋種沙門，無有過患。不只佛沒過患，釋種沙門，凡是佛的弟子，沒有過患。這是希望大家千萬莫要譏毀釋種沙門。一切國王要是供養沙門，可以得轉輪王種故，種姓豪貴不可譏嫌。經上說的很廣，〈疏鈔〉就引證這些。

諸佛子。此四天下南。次有世界。名為難忍。如來於彼。或名帝釋。或名寶稱。或名離垢。或名實語。或名能調伏。或名具足喜。或名大名稱。或名能利益。或名無邊。或名最勝。如是等。其數十千。令諸眾生。各別知見。

諸佛子。此四天下西。次有世界。名為親慧。如來於彼。或名水天。或名喜見。或名最勝王。或名調伏天。或名真實慧。或名到究竟。或名歡喜。或名法慧。或名所作已辦。或名善住。如是等。其數十千。令諸眾生。各別知見。

諸佛子。此四天下北。次有世界。名有師子。如來於彼。或名大牟尼。或名苦行。或名世所尊。或名最勝田。或名一切智。或名善意。

或名清淨。或名鞏羅跋那。或名最上施。或名苦行得。如是等。其數十千。令諸眾生。各別知見。

北方是現在我們這個世界的北方。「鞏羅跋那」，翻「自在」的意思，「羅跋那」是聲，說圓滿聲音自在。

諸佛子此四天下東北方。次有世界。名妙觀察。如來於彼。或名調伏魔。或名成就。或名息滅。或名賢天。或名離貪。或名勝慧。或名心平等。或名無能勝。或名智慧音。或名難出現。如是等。其數十千。令諸眾生。各別知見。

諸佛子。此四天下東南方。次有世界。名為喜樂。如來於彼。或名極威嚴。或名光燄聚。或名偏知。或名祕密。或名解脫。或名性安住。或名如法行。或名淨眼王。或名大勇健。或名精進力。如是等。其數十千。令諸眾生。各別知見。

諸佛子。此四天下西南方。次有世界。名甚堅牢。如來於彼或名安住。或名智王。或名圓滿。或名不動。或名妙眼。或名頂王。或名自在音。或名一切施。或名持眾仙。或名勝須彌。如是等。其數十千。令諸眾生。各別知見。

諸佛子。此四天下西北方。次有世界。名為妙地。如來於彼。或名普徧。或名光燄。或名摩尼髻。或名可憶念。或名無上義。或名常喜樂。或名性清淨。或名圓滿光。或名脩臂。或名住本。如是等。其數十千。令諸眾生。各別知見。

諸佛子。此四天下次下方。有世界。名為燄慧。如來於彼。或名集善根。或名師子相。或名猛利慧。或名金色燄。或名一切知識。或名究竟音。或名作利益。或名到究竟。或名真實天。或名普徧勝。如是等。其數十千。令諸眾生。各別知見。

諸佛子。此四天下次上方。有世界。名曰持地。如來於彼。或名有智慧。或名清淨面。或名覺慧。或名上首。或名行莊嚴。或名發歡喜。或名意成滿。或名如盛火。或名持戒。或名一道。如是等。其數十千。令諸眾生。各別知見。

「或名如盛火」，「盛火」是什麼意思？說那火太大了，一切的山林樹木，不分什麼木頭，一律都燒。說佛的智慧利益眾生，說這個是好人，這個是壞人，這個是聰明人，這個是愚癡人，佛無選擇，一律都度。

清涼國師在這裡設一個問答。諸聖教都是這樣說，大輪圍內，大輪圍山之內，平布百億，一百億世界，上至諸天，下安地獄，如何此說，上下皆是四洲，說了這麼半天都是四洲所攝？答：釋迦牟尼佛教導，釋迦牟尼佛的教法，不論約事說或約理說，一切事都隨理，事隨理故，圓融無礙。事有千差萬別，理是一致的。任何處說法，隨在什麼地方說法，佛是沒有簡擇的，上機也好，極下乘也好，東南西北，四維上下。說十大輪圍山也有十方，有時是主，有時是伴。主伴圓融，眷屬無礙，就是十法界都是圓融的，這只是略說娑婆世界，是融通的。說的是十方，實際是圓融無礙，隨眾生所見，眾生能見到佛的什麼身，能聞到佛的什麼聲音，佛就給他說法。若就佛來說，沒有什麼淨土也沒有什麼穢土，平等平等，一律清淨。

佛所說的法，無非是化度眾生，迴轉眾生的煩惱，皆成爲智慧。在《華嚴經》裡頭講，微塵法界，法界微塵，一切世界就是一微塵，一微塵就是一切法界。小大無礙，一多圓融，懂得這個道理，所以說這些剎土的相是不同的，但是就相的義理來說是同的。舉一相就含一切義，一義就含一切相。廣也好、狹也好，廣是普徧的意思，狹是狹隘的，都是自在的，廣狹自在。形容《華嚴經》是帝網重重，像帝釋天的網絡一樣。不要在這上去取分別，知道說法是隨眾生機的。

諸佛子。此娑婆世界。有百億四天下。如來於中。有百億萬。種種名

號。令諸眾生。各別知見。

把這句話擱到前面，因爲衆生的各別知見，佛才有種種的名號。我念的文裡頭最後加「各別知見」，是因爲衆生的知見不同，佛名號才隨衆生的意，定種種名號。

諸佛子。此娑婆世界東。次有世界。名為密訓。如來於彼。或名平等。或名殊勝。或名安慰。或名開曉意。或名聞慧。或名真實語。或名得自在。或名最勝身。或名大勇猛。或名無等智。如是等。百億萬種種名號。令諸眾生。各別知見。

諸佛子。此娑婆世界南。次有世界。名曰豐溢。如來於彼。或名本性。或名勤意。或名無上尊。或名大智炬。或名無所依。或名光明藏。或名智慧藏。或名福德藏。或名天中天。或名大自在。如是等。百億萬種種名號。令諸眾生。各別知見。

諸佛子。此娑婆世界西。次有世界。名為離垢。如來於彼。或名意成。或名知道。或名安住本。或名能解縛。或名通達義。或名樂分別。或名最勝見。或名調伏行。或名眾苦行。或名具足力。如是等。百億萬種種名號。令諸眾生。各別知見。

諸佛子。此娑婆世界北。次有世界。名曰豐樂。如來於彼。或名薝蔔華色。或名日藏。或名善住。或名現神通。或名性超邁。或名慧日。或名無礙。或名如月現。或名迅疾風。或名清淨身。如是等。百億萬種種名號。令諸眾生。各別知見。

諸佛子。此娑婆世界東北方。次有世界。名為攝取。如來於彼。或名永離苦。或名普解脫。或名大伏藏。或名解脫智。或名過去藏。或名寶光明。或名離世間。或名無礙地。或名淨信藏。或名心不動。如是等。百億萬種種名號。令諸眾生。各別知見。

諸佛子。此娑婆世界東南方。次有世界。名為饒益。如來於彼。或名現光明。或名盡智。或名美音。或名勝根。或名莊嚴蓋。或名精進根。或名到分別彼岸。或名勝定。或名簡言辭。或名智慧海。如是等。百億萬種種名號。令諸眾生。各別知見。

諸佛子。此娑婆世界西南方。次有世界。名為鮮少。如來於彼。或名牟尼主。或名具眾寶。或名世解脫。或名徧知根。或名勝言辭。或名明了見。或名根自在。或名大仙師。或名開導業。或名金剛師子。如是等。百億萬種種名號。令諸眾生。各別知見。

諸佛子。此娑婆世界西北方。次有世界。名為歡喜。如來於彼。或名妙華聚。或名栴檀蓋。或名蓮華藏。或名超越諸法。或名法寶。或名復出生。或名淨妙蓋。或名廣大眼。或名有善法。或名專念法。或名網藏。如是等。百億萬種種名號。令諸眾生。各別知見。

諸佛子。此娑婆世界次下方。有世界。名為關鑰。如來於彼。或名發起談。或名調伏毒。或名帝釋弓。或名無常所。或名覺悟本。或名斷增長。或名大速疾。或名常樂施。或名分別道。或名摧伏幢。如是等。百億萬種種名號。令諸眾生。各別知見。

諸佛子。此娑婆世界次上方。有世界。名曰振音。如來於彼。或名勇猛幢。或名無量寶。或名樂大施。或名天光。或名吉興。或名超境界。或名一切主。或名不退輪。或名離眾惡。或名一切智。如是等。百億萬種種名號。令諸眾生。各別知見。

諸佛子。如娑婆世界。如是東方百千億。無數無量。無邊無等。不可數不可稱。不可思不可量。不可說。盡法界虛空界。諸世界中。如來名號。種種不同。南西北方。四維上下。亦復如是。

如世尊昔為菩薩時。以種種談論。種種語言。種種音聲。種種業。種

種報。種種處。種種方便。種種根。種種信解。種種地位。而得成熟。亦令眾生。如是知見。而為說法。

種種的名言、種種名號的目的，只有一個，令眾生斷惡行善。佛在因地的時候，行菩薩道，隨眾生根機調伏他。佛成佛之後，也如是行菩薩道的時候，教令眾生這些名號都是假的，令他空那些虛妄的境界執著，不要在名言上起執著。這些名字都是爲調伏眾生而假設的。現今佛出世了，都稱他的本性，所自己證得的，而令一切眾生達到什麼目的？達到入空理，消妄境。證入空的理性，消除虛妄的境界，佛成了正覺之後，超越了境界名言。這是爲成熟眾生、調伏一切眾生而立的假名。此如來的名號，就這一品，不但是名號偏周，這是如來的身口意業，名字是假的，佛有身口意業，示現的身，口所說的法，佛的意已經變成實性理體。現在我們念這麼多的名號，文殊師利菩薩略略舉幾個名號，不是全說的，而是略微舉。

文殊師利菩薩在前面所說的，如來於娑婆世界諸四天下，不是一個四天下，我們所知道的就我們一個四天下。文殊師利菩薩說如來於娑婆世界，在諸四天下之中，示現種種身，種種佛名號，種種色相，無窮無盡的。〈如來名號品〉是文殊師利菩薩略說的，略說什麼呢？前面〈如來現相品〉，那些諸大菩薩的問號當中就有，文殊師利菩薩就答這些大菩薩所問的問號。問的是什麼呢？釋迦牟尼如來，在娑婆世界這四天下，現種種身、種種名、種種色相，是什麼？是如來的身口意三業。這一品是文殊師利菩薩舉佛的果海，身和語是一切徧滿、周徧的。

我們最初講過，觀想我們自己跟毗盧遮那無二無別，相信自己的心跟毗盧遮那無二無別。同時也要相信我們自己的身口意業，文殊師利菩薩在這段經文，是令大衆自己相信自己的身，相信自己的身口意業，同佛三業，入如來的性海，跟如來的智慧等。怎麼等呢？發明我們自己進修，你得修，不是現在就等，本具還得假事修。在修的當中，經過十住、十行、十迴向、十地、十一地、直到〈如來出現品〉，是其一終因果，達到跟佛無二無別。

這品叫〈如來名號品〉，從最初生起信心，生起信心，名號各別，名號雖然別，但是同。同什麼呢？從初信開始，名號徧周，一名一切名，總是自性佛的果，這與〈如來出現品〉相應的，自己的身，自己的修行，行滿了，所證得的果。〈如來出現品〉，如來放眉間光，灌入文殊師利菩薩頂。那麼，令佛出現的果法，在〈如來出現品〉所放的光，灌入普賢菩薩的口，這是灌入文殊菩薩的頂，那是灌入普賢菩薩的口，令他說佛的果德，明自行因果徹。因該果海果徹因源，自行的因果相徹。這一品明文殊普賢理智的妙行，同一體故，即同此體。乃至到最後的〈離世間品〉、〈入法界品〉，好像在文字上有前有後，在義理上通徹，前徹於後，後即是前。在《華嚴經》講的是一切圓滿的法，沒有前後次第的。〈入法界品〉說的是全部經整體就是凡聖之本源，入法界，法界是賢聖的本源。

初會，相信佛果，是以如來跟普賢為首的，表明已成佛果。現在，讓我們在已成的佛果上生信，生了信就入信修行門。現在文殊師利菩薩引入我們入信，信而後行，入修行門，就是文殊師利，及如來名號，并四聖諦法，為所信之因果。文殊師利，以妙慧的法門，文殊師利的法門，而起行修行。

在假設的問答當中問，何故如來不自說教呢？如來為什麼不說？何用放光？何必還要放光？令菩薩來說，令文殊普賢來說。什麼意思？這是清涼國師說的，答的時候，是清涼國師的意思。他認為如來的意思是，令當位的菩薩說當位的法門，令修學的人知道分際，容易理解。文殊師利菩薩常與一切諸佛，給一切眾生作信心之因。文殊師利菩薩是我們生起信心的因，又是一切諸佛達到妙慧的本母，妙吉祥文殊是諸佛之母，普賢菩薩常與一切眾生作修行之因。

文殊菩薩讓我們生起信心，普賢菩薩讓我們依信修行，以此二人，文殊普賢二大菩薩，成就菩提，無作智果的大悲海門。在〈如來出現品〉，明修行者的因果始終圓滿，前後的因果，性果、智果、行果互相融徹為一體。現在從這一品至〈如來出現品〉，文殊、普賢二行因果，信心修行位滿，這是用，用還歸於體，體用相攝，體用互徹，令以後學華嚴三昧的，容易理解。如是二品經，如來自說的，明佛果的二愚，到佛方明，等成了佛果了你才能知道。

〈如來名號品〉，只說名號，因為名號是隨眾生機的，隨眾生機感而立的，你有什麼感，就知道什麼樣的名號。我們多數只知道釋迦牟尼。在此世界佛所說的法，介紹他方的國土很多，介紹他方的佛也很多，但是我們經常受持的是阿彌陀佛、藥師琉璃光如來。為什麼？我們的因跟這兩尊佛的緣特別深，念阿彌陀佛的多，受持《藥師經》、念藥師佛的也多，身體不舒服、有病，大概都求藥師佛。死了之後，怕再受罪，念阿彌陀佛生極樂世界，永不生死。受持別方名號的少，這是緣的關係。佛說這麼多的名號，有幾位能跟我們相應的？我感覺跟我們相應的很少。因此佛的〈如來名號品〉，是讓我們種個善根，跟這麼多佛名號，結個緣。

如來名號品 竟

四聖諦品

〇來意 釋名 宗趣 解妨難

以下講〈四聖諦品〉。這一品的大意，是因為前面說的種種法，種種的語業，佛的示現，乃至假設的問答，用〈四聖諦品〉，答前面問號之一：你歸向何處？皈依三寶，這是最上的皈依處。皈依之後，入佛門的最初學習法門是三皈。受了三皈之後，為什麼說有個皈依處呢？這個世界太苦了，好像沒有依靠，父母不能作依靠，國土不能作依靠，只有皈依佛、皈依法、皈依僧。因為前面所講的佛之依正果報，佛在因地當中，讓我們知道佛怎麼修行，你就開了智慧。有了智慧，有什麼智慧呢？知道佛才是衆生的眞正皈依處。佛本來沒有一定的法可說，因為法性是沒有分別的，法性沒有名言，這種甚深的理，衆生一時不能契入，衆生的機感不同，佛說了前面這些之後，又說〈四聖諦品〉。

我們一般稱聖人，聖人是非常尊嚴的，非常端莊的，就是一個「正」字。什麼正呢？無漏正法。皈依佛、皈依法、皈依僧，得到正了，在你的心得到這個。心是指理上說的，就是諦理，什麼諦呢？因為實在，諦就是實。經過你的審查、思惟，入理了。約境界上來辨，辨別這個境界，「辨境」。你所說的相，相不離體，你所說的話，不能離開眞實，產生決定義。所以，世出世間的兩種因果周，世出世間的因果，佛教授我們的，絕無虛妄，絕無差錯，是諦實的，所以是聖諦。

境是對著智說的，是對心說的。諦審的意思，得有智慧的明了，由聖智來觀察一切諸法。審查它不虛，什麼不虛？苦不虛，苦集滅不虛，苦集世間因果不虛，苦是怎麼來的？自己招感來的、招集來的。知道苦，不能審實，不能諦，光知道苦，所以佛教授我們諦，諦就是審實，審實了才稱爲諦。我們只是苦，審實之後才不顛倒，才有智慧。審知一切境，如實地認識一切境，那叫聖諦。還有一種解釋，是法性故，勝解故。有法性，本來具足的；勝解則沒有，要通過學習。

苦、集、滅、道，總說叫四聖諦。「四」字是數字，這是兩種因果，世間因果、出世間因果。苦是什麼性？逼迫你非受不可，這是有漏的色法跟心法。不斷的增長，不停的增長，這叫集。怎麼增長的？業和煩惱，不斷增長苦。你看越受苦的人，越造業，而且不是善業，越受苦的人，越造惡業。爲什麼？越受苦，煩惱越重，業越重，逼迫你。什麼是滅呢？涅槃寂靜。若想達到涅槃寂靜，想出離苦海，知道苦了，想出離，要離開它，你得修。修就叫道，道應該在前，滅在後。爲什麼？滅生死苦，證菩提道。因爲你先修道，才能達到寂滅，這是初步的解釋。

這個又分小乘、大乘，大乘加個「聖」字，四聖諦。小乘的四諦，那就不同了，小乘的四諦，是說知苦斷集、慕滅修道，是有相的。大乘四諦是無相的。這是辨別體和相的關係，辨別體性。相就是可見的形相。體，他的體是眞如實性，實性無相，大乘教義是這樣說的。

四諦的道理，在四教上講有四種四諦，一是生滅四諦，二是無生四諦，三是無量四諦，四是無作四諦。一般經論上，分有作跟無作，有量和無量。作就是有量的，無作就是無量的。那要分大小，有作的就是小，無作的就是大，達到無作。

〈四聖諦品〉，文殊師利菩薩說假使你要修行，要認眞地去做。前面講說在佛的出現，在世界成就、華藏世界，想得到佛的依正二報，你作的時候得一步一步來，這是修行的話。第一個要理解到學佛的時候，我們所修行的法不能離開事實；也就是說這些現相與我們修行的法很有關係，現實的生活當中，一切的現相與我們修行的法是很有密切關係的。如果離開現實的事實，修行得不到進入，跟法不能結合到一起，那對我們的幫助一點也不大。我們修行的法跟我們的生活、或者是我們所處的現相，如果是分離的狀態，我們修的法沒有太大意義，因爲它跟我們的生活沒有關連，沒有交集，所得的效果不大。把這兩條平行線，也就是我們的生活跟我們的修行，我們認識法跟生活兩個能結合到一起，成道的機會就大了，否則成道的機會就很小。

很多人問我修行的方法，我們學佛法的第一步，要了解人生，就是你現實的生活當中，那是非常重要的，也是可貴的，我們對我們的身體把它看成是可貴的。借假修眞，沒有這個身體你怎麼去修道呢？把它看成可貴的，但是這個身體也是無常的，不是固定的，它會隨時發生變化的，生病，突然間死亡，這都是有的，因此我們要把它看成次要的！日常生活才是主要的。要了解這些，你先培育了解自己的身心！因此說四聖諦之前，先跟大家說這些是讓你注意主要的東西是什麼，因爲這是基礎！你在修學的道上沒有眞正的動機，沒有眞正的發心，努力也不夠精進，怎麼能去修行？怎麼能進入道果？不可能。修行的人往往把主要問題放棄了，因此你沒辦法進入。

最近好多道友問我：「怎麼樣修行？我的散亂心很重！」一般的佛教徒，也就是我們佛弟子，總感覺自己學的不多，沒有方法，學的方法知道得少，實際上是這樣嗎？實際上我們知道的很多，問題在什麼地方？你跟你的思想，你心靈的狀態跟日常的生活結合不起來。換句話說，我們還沒有眞正去修行，不是說念經、磕頭就是修行，而是說你的思想跟一切事物不能結合，你的觀照力不夠！主要是你的心，像《華嚴經》主要是講心。因爲我看我們的道友，心裡頭很散亂，心裡的懈怠，不是身體，表面上上殿過堂，心不在焉，心不在道，懂得這個意思吧！很懶！很懶就是不用心。懶是在心上說的，不用心。懶的意思就是心的觀照力不強。好多人說沒有修行的時間，但是如果仔細地把他這一天的時間用來睡眠、玩樂、聊天，那當然沒有時間，他的用心不夠，這樣修行是不容易得道的。

心裡頭觀照，隨時要觀照，你才能進入，修行我們身體的生命，因爲修行一定得注意我們是生活在這個世界上，這個世界的環境跟我們的生活，跟我們的心靈上分不開的。怎麼樣是修行？生活就是修行，日常的生活就是修行，所有日常的言行，身體所作的作爲，特別是思想在想什麼？爲什麼說這些呢？現在要講修行，要講四聖諦。等我們講〈淨行品〉，文殊師利菩薩就告訴我們怎麼用心，特別值得注意的。

同時我們講四聖諦，諦就是審實，諦是諦理、諦實。審實是什麼審實呢？苦集滅道，苦是眞苦，不是假的，這四種是眞實不虛的。審實不虛是什麼呢？是在理上，苦是眞的，集也是眞的，滅道都是眞的，正確的，沒有差謬的。這是眞理，我們經常講眞理，這四種是眞實不虛的，一切聖者所見的，所以叫聖諦。這是佛教授我們，給我們解釋世間的一切眞實相，就是苦集。苦集呢？你對這個世間迷妄了，迷妄什麼？果和因。世間有漏的果是苦，這是實實在在的。因爲這個苦是你招集來的，招集來的是因，因地所召的。世間有漏的這個果叫苦諦，出世間無漏的因是道諦，苦是受逼迫、苦惱的涵義，你在欲界、色界、無色界，在生死輪迴當中，這些苦都是眞實的。

苦有三苦、八苦。第一個是苦苦，說你正在苦惱的時候，本來生在這個世間就是苦，又加上你痛苦的時候，或者生病，或者是受什麼災害，就是苦苦。第二個是壞苦，享受快樂結束的時候就苦惱了，壞了，叫壞苦。舉例來說，你玩的很高興，或者是看電視，看電影，遊樂的時候，玩完了，快樂結束了，苦惱就來了！快樂的時候不感覺，消耗過度，之後所得的是痛苦，留下來的是痛苦，樂是苦的因，苦是樂的果。第三個是行苦，你在不苦不樂的時候，無常變化之自然規律支配你的時候，這苦惱了，這苦惱包括什麼呢？生老病死，這叫行苦。三苦就是苦苦、壞苦、行苦。

八苦，大家都知道，生、老、病、死、愛別離、怨憎會、五陰熾盛、求不得。這個八苦，我們道友都是學習過的。剛才我跟大家講注重就是這個意思，注重什麼？現在我們離不開的生活，那是修道的第一步，你先認識世間，認識你心裡所受的。因爲你在人的範疇之內，先把人的生活情況搞清楚，人的生活情況就是這樣，苦苦、壞苦、行苦，生老病死、愛別離、怨憎會、五陰熾盛、求不得，這就是苦諦，讓你如是觀，如是審實，你應該怎麼樣做。

集諦，在〈大乘起信論〉講兩種熏習，是熏習來的。熏習來什麼呢？世間一切的生活情況，在生活當中，你的行動、思想的狀況，就受貪瞋癡愛支配，貪瞋癡支配你造種種善惡的行爲，這叫業因。積聚很多的因，這也是眞實的，如實不虛的，積聚很多因，感來是什麼呢？感來生死苦果，經常有抱怨，這也不公平、那也不公平。我們出家人也有這感覺，師父對他好了，對我不好了，對我特別的壓制我、挑剔我，對他都包容，心裡有這些分別心，這是招感來的。

這兩種苦集，是世間生活當中所有積聚的。滅諦，滅是盡了，是息滅了，什麼一到滅了，滅了就是沒有。滅是讓你滅什麼呢？滅煩惱的因。我們往往煩惱的時候不去觀照，他隨著煩惱轉，煩惱是怎麼來的呢？爲什麼要生起煩惱？找找原因吧！煩惱是種種業因成就的，生死果報，這個滅是要你了脫生死，從此再不受三界之內的生死苦惱，達到涅槃的境地。是求解脫，求斷煩惱，這是滅諦。道諦呢？一說道就是通達的意思，就像我們走的道路一樣，但是這條道路不同，這種道路是通達寂滅解脫的方法，怎麼能達到前面所講的滅？也就是佛教所說的根本修行次第。依佛所教授的道，我們經常說菩提道，這條道路一直走到菩提，成就菩提果，達到滅，滅就是寂滅解脫，這是滅諦。這叫兩重因果，苦集，世間因果，集是世間因，苦是世間果，道是出世間的因，滅是成就出世間的果。

這是〈大乘阿毗達磨雜集論〉裡說的四諦，我們講《華嚴經》爲什麼講這個？這個是根本，不講這個，不能從淺的達到深的。因爲這個對我們的修道，對我們的認識，是有好處的，之後再假華嚴義圓融，看看文殊師利菩薩教導我們的，四聖諦是怎麼樣用功，怎麼樣修行。

知苦，就是知身心所受的，一天你現實事物當中所感受到的，你所受的、所接觸的事物都是苦，對於人生所處的環境，現實你所處的，自己對自己怎麼判斷，怎麼下個定義。對我們出家二眾，當初一個心想出家，想或者滅除世俗的一切，因爲那都是苦的，想找個不苦的。一切世間法都是苦的，我們想找個眞理，苦諦！諦是眞理，眞理是不苦的，認識這個生死之苦，想得了出離生死。眞理你得先認識他，你不認識出離不了。我們講看破、放下，你沒看破你放得下嗎？那不是我們一落髮，一入了佛門，什麼都能放下了！

我出家七十多年，感覺很不容易，這不是用說的，而是要去做的，要你去感受，你心裡是不是放下了，你一天生的歡喜心，生的法喜心，有好多？生起苦惱，雖然是出了家，身出家而心在俗。心裡還是世間的那一套，有的時候還更厲害一點，把世間那一套拿到佛門來表演。你表演的很出色，再假佛的這種道理，更增加你煩惱的手段，我看很多人都是這樣。所以你必須眞正認識透徹了，眞正看破了，你才放得下，放得下，你才知道煩惱惑這種業，所以他招集了，所有欲界、色界、無色界的生死苦果。集諦是一切諸苦的生起。這是根源，你非斷集不可，你把集斷了，苦就沒有了。要想斷，就要滅，斷除苦的根本，欲愛。愛，問問自己吧！還有欲沒有？還有愛沒有？沒有了，苦滅了，就是滅盡苦諦的眞理，就是滅，諦就是眞理。

但是要達到滅也不容易，你得有一個正確的思惟，正確的知見，認識現實的，依這個客觀的現實環境，依這個而修行，才能把苦集兩諦滅到，才能達到滅道的道理。這是釋迦牟尼佛成道的時候，在鹿野苑說的最根本法，四聖諦。這是佛教的根本道理，也就是你想脫離生死，斷煩惱，第一步的階段，你非走不可。若是入了佛門，想投機取巧是辦不到的，一步跨入大乘，那是懸想、空想，有沒有呢？有，人家是多生累劫修的，不是現在的。我們經常說，佛最初轉法輪，三轉法輪於大千，都轉什麼？初轉就是苦，轉苦諦，讓你知道，讓你經過修！轉的時候，經過修，把他斷了，斷了當然就不苦了。斷了怎麼轉呢？轉就是斷的意思。之後漸漸修，就是第三轉，證得了。

現在依著文殊菩薩教導我們的開始講。我們以前初學習的時候，大家已經學過了。在這裡，因爲講到四聖諦，文殊師利教育我們的，《華嚴經》的第八品〈四聖諦品〉。這一品教授我們的，佛所說法的涵義，這是前面諸佛菩薩，佛放光之後，諸佛菩薩的問答當中，問佛的依正果報。在這個問好當中所有問的問題，佛就令文殊師利菩薩答，這就是文殊師利菩薩所答的。

依著華嚴義講四聖諦。「聖」就是聖人，聖人表現什麼呢？一切都正。什麼正？心正，一者諦實，「諦」是審諦的意思，諦察，諦實，約一切境界，這一切境界相，你眞正把他認識到，出世的、世間的兩種因果。不是虛妄的，都是眞實的，用你的眞實來入，審諦，加個「諦」就是審實的意思。這就是智慧，聖人以智慧觀察這些法，觀察之後，用他來利益眾生，都是審實的，審實了加個「聖」字，四聖諦。「聖」字是不顚倒的，是如實的，審之一切境界，如實不虛，那就叫聖諦。一個是兩種緣，就是諦含著兩種緣。一個法性，一個勝解。一切眾生都具足法性，就是凡夫愚夫，我們只具足一個，法性，聖人呢？他兩個都具足了，他有勝解，勝解就是對於苦集滅道，聖人的看法不同，跟凡夫所執行的不同。

我們現在是隨苦，因為我們受色法、心法、五蘊，五蘊增長煩惱、增長苦，這叫集招感，叫業和煩惱。因為有業和煩惱，這是集的因，色心上有業和煩惱集的因，所以一定要受苦，受了苦就逼迫你。寂靜就是滅，滅就是涅槃，叫出離道。若想出離業煩惱，必須得修道，修道證得寂靜之理，修什麼呢？修慧、修定，不論大乘小乘都如是，大小是你的心量，是你心裡觀照的情況。

實際上，大如是、小也如是，你都離不開，一定得用觀照。先講四諦，依著四教說，他分四種四諦，生滅四諦、無生四諦、無量四諦、無作四諦，一般經論平常的解釋當中，分為大乘和小乘。不論大小乘，面對苦，苦的性質是逼迫性，怎麼逼迫你？強迫你的身心去受，這樣的逼迫。你感覺苦的逼迫性，在你有漏的色心，強迫你的身體，有漏的身心就是你的體。五蘊，色受想行識，成就你現有的身體，他必定是苦的，這個不含無為。他不斷的增長，集就是招感，積集增長你的業和煩惱！增長業和煩惱當然要受苦了，有因必有果，但是受的時候感覺苦。凡是如是說的，都屬於生滅法。若在大乘教義說、在涅槃教義說，你了解苦，認識他了，在受的時候就能夠忍耐，那個忍是在法上能忍，知道苦、達到他的體，達到體呢？體上無苦。這是從什麼上得來的？從你的了解上，從你修行的證得上，這個苦叫聖諦，聖諦就是了解到苦無苦，沒有苦。怎麼沒有苦呢？以般若智慧的觀照，苦無自性，緣生諸法是空的。

每回講課時提到這個問題，知道苦的那個知是不苦的，知道苦的那個知他不苦。又者你知道苦怎麼來的，斷了他的因，苦果自然就沒有了。這是兩方面，知苦斷集、慕滅修道，悟得滅的道理去修道，達到緣生故空。一切凡夫，有苦沒諦，凡夫有苦，有苦光受苦了，沒諦。有諦了就好了。諦就是觀察，諦就是觀照的功夫。凡夫是有苦而沒有諦，沒有理。只有事，沒得理，不能在理上證得。聲聞、緣覺二乘人有苦，他有苦諦，他有苦諦就不苦了，但是這個苦諦不是真正達到心性。菩薩是無苦有諦，他又有眞實，那就高過二乘。爲什麼？二乘人不能達到法空，不能見到眞實，菩薩則達到法空，證得眞實。佛是究竟了。二乘人知道苦相，不能知道無量相。苦有無量相，非是聲聞緣覺所知。〈瑜伽師地論〉說，苦有一百一十種，《華嚴經》沒有這樣解釋，表示他的道理不同。因爲講這個諦，他有無量四諦。菩薩講的諦有無量四諦，一界一諦，十界百千，就有十界百千的諦理。娑婆世界有四百億十千名義，所包含的性相，顯的義理非常之多。

這裡主要是顯《華嚴經》的義，不但達到空義，而且顯他的眞實義，一切諸法皆如。五蘊、十八界、十二處，一切皆如，因爲他講了義。無苦可捨也無塵勞，沒有苦也沒有塵勞。他是講性體上，無集可斷，生死就是涅槃。無滅可證，一切邊邪，一切法皆是一眞法界。因爲此經義是顯這個，我們這裡略說一說而已。在後面，特別是〈淨行品〉，文殊菩薩教授我們一百四十一個願，讓我們怎麼樣去修，這叫淨行，使你的行為完全清淨。

《華嚴經》講諦，是拿海來形容，無邊的諦理，為什麼講那麼多？根不同，所含的義理也不同，立的名字也不同。那表示佛所說的無量法門，四諦就包括了，所說的四諦法門展開來說無量無邊。佛的語業特別殊勝，能夠如是教授我們。在義理上，有時講大、有時講小，但是在事上、在理上都完全具足的，苦集二諦是世間因果。你應知、所知，應斷、所斷，是可以改變的，而且改變的方法很多。

滅道二諦是出世間因果，所證的、所修的在事上是決定的，決定的就是不能改。知道斷，斷惑、證眞，證裡頭還得假修，能把衆生從苦海運到彼岸，這個方法不管多少個世界。世界各個不同，每尊佛教化不同，但是這個道理是永遠不會改變的。在大乘教義裡頭，四諦有無量四諦、無作四諦，把一切道理都收盡了。為什麼四諦裡特別注重苦？都要說苦？因為在苦聖諦裡頭，一切有生之生就是一切衆生的生，生了就有苦，有苦才有滅。因為滅是對苦說的，滅什麼呢？滅苦。這叫苦滅之道，不單言苦，不單說苦。道不苦，以道非生苦，也不同集。又非滅，不同滅，這個道是指什麼道？指菩提道說的。

這品的名目、來意，是隨著這品的文義來解釋。明如來有四種實義，令一切衆生生起信解。假設問答當中了，何故不說多，單云四呢？不說五、不說六、不說七、不說八，就只說個四呢？什麼意思？答的時候，說此四種的道理就是諦理，攝受一切了。攝受的意思是明一切世間都不離苦諦，一切世間離不開苦集，一切出世間不離開滅道，不論三乘四諦！三乘都有四諦，厭離苦集，欣入滅道，這叫四諦法輪。

在一乘經教說四聖諦，是說實義，是說性體方面，從體上方面說。達到苦沒有性。苦的性，厭離性體，欣樂性體，在體上是沒有，沒有欣樂的，這叫一乘聖諦。三乘的四種聖諦，各有各的差別，各有各的性體。信解的不同，這是如來依衆生的根器，衆生的根不同而所有設教也不同，以方便善巧而設施的。無非是讓一切凡夫生起信樂佛法的心。從這個信心開始起觀照自他一切的苦難，因著觀察苦難之後，發菩提心，欣樂求佛的教法，這裡頭差別就大了，欣樂的大小不同、勝劣不同、所求四諦十二因緣也都各不同。因爲前面說〈如來名號品〉，隨著各方佛的名號不同，因爲名號不同，各個世界的語業也不同，此世界就說不離四聖諦。

以下隨文解釋，共分爲十二段經文，娑婆世界的諦名，之後再說離我們最近的十個世界，跟我們娑婆世界隣次的十界，這跟我們世界是相等的、相類似的。主是說佛，伴是說諸大菩薩，乃至所教化的衆生，大致都有多少的差別，因爲只舉我們娑婆世界的四洲，從這個來立名，假四洲來立名。

○釋文

◎娑婆諦名

以下隨文解釋，先說娑婆世界。

爾時文殊師利菩薩摩訶薩。告諸菩薩言。諸佛子。苦聖諦。此娑婆世界中。或名罪。或名逼迫。或名變異。或名攀緣。或名聚。或名刺。或名依根。或名虛誑。或名癰瘡處。或名愚夫行。諸佛子苦集聖諦。此娑婆世界中。或名繫縛。或名滅壞。或名愛著義。或名妄覺念。或名趣入。或名決定。或名網。或名戲論。或名隨行。或名顛倒根。諸佛子。苦滅聖諦。此娑婆世界中。或名無諍。或名離塵。或名寂靜。或名無相。或名無沒。或名無自性。或名無障礙。或名滅。或名體真實。或名住自性。諸佛子。苦滅道聖諦。此娑婆世界中。或名一乘。或名趣寂。或名導引。或名究竟無分別。或名平等。或名捨擔。或名無所趣。或名隨聖意。或名仙人行。或名十藏。諸佛子。此娑婆世界。

說四聖諦。有如是等。四百億十千名。隨眾生心。悉令調伏。

這段經文先說娑婆世界，苦聖諦，或者叫罪，或者叫逼迫，或者叫變異，這是說什麼呢？都說的諦法。苦滅道聖諦，或者叫一乘，或者叫趣寂。不管名字好多，都是摧壞你的色法、心法。有幾個名字略加解釋。

「逼迫」，不可意的事情逼迫你的身心，這就叫苦惱，你不願意作的事，非得去作不可。你願意做的事辦不到，不叫你去作，這都叫逼迫性。

「變異」，就是壞了，我們身體隨時在變壞。前面是講追求的苦惱，追求當中你的攀緣隨時變壞了，就是攀緣不到，你想追求的辦不到，達不到目的、達不到目的就苦了。這裡頭包括很多的事，生老病死苦都包括在內，求財富得不到、求長壽得不到、求家庭美滿得不到，這是攀緣心，他是壞，壞苦。聚苦！聚苦是什麼呢？五蘊盛！色受心法，色受想行識這五種偏增盛，就叫五蘊熾盛。這是從譬喻來立的名字，就像人身上紮個刺，這個刺不拔，你那個苦脫不到。還有「依根」，依根是說你這個苦像生了根一樣，說惡簡直去不到，是指你那個意識當中惡行，好像習成性了，作惡習成性。越苦越生惡念，苦當中能生一切惡性念。在苦中生起來妄想、遐想，想種種快樂，這是虛妄的，不是眞實的，所以在這個苦的世界，你受苦的身心五蘊，想在這裡頭求個快樂，安樂是沒有的。這是什麼呢？愚癡人所行的，愚癡人所作的。愚癡人才如是想，智者不如是想，愚癡人才作這個想。

集，集裡頭含著，有了業惑，有業惑就繫縛你。集是什麼呢？專滅善根，滅壞你的善根，最突出的就是煩惱，集是煩惱。善生不起專招致惡業，苦滅當中的體是眞實的，就是滅。惑是苦的，它是假的不是眞實的，但是你去不了。眞實的法身是滅諦的意思，是常住的，不隨染污而變化，體是常時清淨的，讓你信。體是眞實的，不是虛妄的，也不是空無的，讓你依法住，讓你住在正法當中，住在滅當中，住在集的當中，這是眞實的。苦滅道諦，謂信聞等，如〈十無盡藏品〉所說的四百億十千，前面所說的名字有四百億十千，四百億一萬。四洲有十千，今說一四天下，一四天下一諦也有十千，四諦要歷於百億，那就有四百億個十千。衆生心就有這麼多的差別。這是佛所教授的，「十無盡藏」在後面會講。《華嚴經》說含攝著十藏，這是功德林菩薩在華嚴會上給諸菩薩演說的，欲令這些菩薩普入一切佛法之門，成就無上菩提去利益一切衆生，各各能含攝著無盡法海，所以叫「無盡藏」。菩提薩埵，覺有情的菩薩，要入佛的一切法門。這個法門叫什麼呢？十無盡藏的法門。因為衆生有十無盡藏的業惑，菩薩就說這些法門對治這些業惑。十藏是什麼藏呢？以下就說十藏。這是總說，「十無盡藏」是每個十具十，所以稱為無盡。

第一信藏，任何經教的教義都先讓你信，我們經常說「信為道源功德母，長養一切諸善根」。唯信能入，沒有清淨信心堅固，你不能理解法空的道理，不能理解法空的道理，你那個心就不能不退墮，也不能生如來家。必須要信，信什麼呢？信佛所說的一切教授方法，持佛所說的一切教法。令一切衆生信解，在這個令衆生信解的法門，稱無盡藏。法門非常之多，這叫信藏。十無盡藏的第一個，叫信藏。

第二戒藏，戒是遮止的意思。佛給你說戒藏，讓你防護一切惡。菩薩要奉行持受三世諸佛的無盡淨戒具足圓滿無所毀犯，就叫戒藏。菩薩應當常時念，念什麼呢？念衆生的顚倒破戒。菩薩都要發心發願，成就菩提的時候說眞實法，令一切衆生離開顚倒的知見，都得這個戒藏。

第三慚藏（按：「慚」或作「慚」），懺悔的懺。菩薩憶念過去，不知懺悔者與諸眷屬造諸惡業，今爲諸佛所知，諸佛都知道而生於懺，因此才發露懺悔修習梵行，證得菩提，這叫懺藏。這就是普賢菩薩十大願當中的第四願，皈依三寶、供養三寶之後，第一個就是懺悔，先懺過去的業，令衆生得到眞實清淨，令修於懺，這就叫懺悔。

第四愧藏，菩薩自愧於往昔，乃至於念一切衆生都如是。愧於往昔，往昔作了什麼？在五欲境上作了很多的惡法，所以感受的報是受衆生身，衆生身就太多了，也是爲諸佛所施生出愧心，發露懺悔修行梵行，加速成就菩提。給衆生說眞實之法，令修於愧，就是慚愧。就是在五欲，在色聲香味觸上犯了很多的錯誤，愧對於諸佛，愧對於衆生，所以要慚愧，這是分開講的。

第五聞藏，加個「藏」字就不是一兩宗，含藏著很多的事物，藏者收藏之意，收藏很多的。菩薩聞世間出世間一切諸法，故於諸佛菩薩緣覺聲聞出現入滅，皆悉能知。因為一切衆生沒有聞法，還不是多聞，聞的不多，乃至聞了也不去執行，菩薩就發菩提心，發大心救度衆生，讓衆生多聞，應當持受多聞藏。多聞才能生智慧才能證得菩提，因此才為衆生說多聞藏。

第六施藏，布施的施。菩薩發菩提心了之後，他的生性都是仁慈的。常行十種布施，十種布施很長的，施捨之後沒有悔恨之心，特別是內施，內施就是用自己身體來布施就叫內施，施了之後不後悔。特別是竭盡施，把自己所有的全部施捨。身外的財富，那叫外施，最後連自己的身體也布施供養，這叫內施，這才叫竭盡。施捨之後，沒有後悔的。有的人在布施的時候把自己財富都布施完了，之後自己生活缺乏了，後悔了，我應該留一點！這樣就把布施功德減了。施而無悔，這叫竭盡施。傾其所有全部布施，這叫施藏。

第七慧藏，謂菩薩智慧具足，了知世間出世間一切諸法，世間諸法出世間諸法都是從業報所感召的，因緣所造成的。不管是善也好惡也好，全是虛假的、沒有堅固的，令一切衆生知道眞實性，令一切衆生悟得自己的本性，悟得自己的佛性，悟得自己的本體眞實，這叫慧藏。

第八念藏，謂菩薩捨離的癡惑，就是無明。得具足念，意念一生，乃至無量百生，經過無量的成住壞空，無量劫。乃至於無量劫中，一切諸佛出現世間各說佛的名號，佛所有的授記修多羅十二分經，以衆會的根性即能記憶，一念之間能把記得住，成住壞空。這是四中劫的名，合四中劫爲一大劫，劫的成壞，總說叫劫波，劫波叫時分。在這個時間佛所說的一切經，稱爲十二分經。什麼叫十二分經？契經、重頌、諷誦、因緣、本生、本事、希有、譬喻、論義、自說、方廣、授記，這十二個合起來叫十二分經。

第九持藏，藏是含藏義，持是受持義。一切菩薩具足各種大威力於諸佛所，說修多羅就是說契經法，契經法是上契諸佛的性理，上契諸佛所說法的眞理，下契於衆生的心，這叫契經，也就是契合的意思，這叫持藏，持是受持，沒有忘失。

第十是辯藏，辯是辯才的辯。菩薩要具足大辯才廣爲衆生演說諸法，或說無盡法，或說一品法，或一日說，或無量劫天天如是說，隨衆生根令他滿足，滿足他的所求，這叫辯藏。菩薩應當具足十藏，十藏就是這個涵義，十無盡藏在《華嚴經》是這樣說。《華嚴經》的一切菩薩，發大菩提心，具足十藏。

◎鄰次十界

諸佛子。此娑婆世界。所言苦聖諦者。彼密訓世界中。或名營求根。或名不出離。或名繫縛本。或名作所不應作。或名普鬬諍。或名分析悉無力。或名作所依。或名極苦。或名躁動。或名形狀物。諸佛子。

所言苦集聖諦者。彼密訓世界中。或名順生死。或名染著。或名燒然。或名流轉。或名敗壞根。或名續諸有。或名惡行。或名愛著。或名病源。或名分數。諸佛子。所言苦滅聖諦者。彼密訓世界中。或名第一義。或名出離。或名可讚歎。或名安隱。或名善入趣。或名調伏。或名一分。或名無罪。或名離貪。或名決定。諸佛子。所言苦滅道聖諦者。彼密訓世界中。或名猛將。或名上行。或名超出。或名有方便。或名平等眼。或名離邊。或名了悟。或名攝取。或名最勝眼。或名觀方。諸佛子。密訓世界。說四聖諦。有如是等。四百億十千名。隨眾生心。悉令調伏。

這是總數，四百億十千名，我們念一天也念不完，這是略說的。密訓世界，在娑婆世界東方，那個世界是我們鄰近的世界，叫密訓世界。它把苦叫「分析悉無力」，就是把苦推之於緣，緣助成的，沒有實體的，沒有實在的物相也沒有實在的事物。凡是有形相的都是苦，有形皆爲苦，這個是說攀緣，攀緣是苦的根本。怎麼樣斷攀緣？不去求，無所得。無所得就沒有攀緣，沒有攀緣，病體就沒有了。沒有因，病源就沒有了，苦也就沒有了。

在滅諦當中，滅不叫滅，叫「一分」，「一分」是什麼意思呢？說惑，一切的迷惑都是虛妄引起的。有好多分呢？塵沙分，那就引起了多少虛妄。但是這個惑沒有實體的，惑的實體是什麼呢？是理。惑跟理是不可分的，迷了理才起惑，所以滅云一分。只是惑染，沒有實體的，就是實理起的現行一分。

道呢？能夠證滅，所以叫「上行」。方就是四諦，觀方就是觀四諦。見一切佛而得開悟，聞一切法而能受持不忘，圓滿一切波羅蜜行，大悲說法滿足眾生，這就是菩薩道。以上是解釋密訓世界的，密訓世界是東方世界。理是一樣的，名詞、語言是各對各的根，因此不同。

諸佛子。此娑婆世界。所言苦聖諦者。彼最勝世界中。或名恐怖。或名分段。或名可厭惡。或名須承事。或名變異。或名招引怨。或名能欺奪。或名難共事。或名妄分別。或名有勢力。諸佛子。所言苦集聖諦者。彼最勝世界中。或名敗壞。或名癡根。或名大怨。或名利刃。或名滅味。或名仇對。或名非己物。或名惡導引。或名增黑暗。或名壞善利。諸佛子。所言苦滅聖諦者。彼最勝世界中。或名大義。或名饒益。或名義中義。或名無量。或名所應見。或名離分別。或名最上調伏。或名常平等。或名可同住。或名無為。諸佛子。所言苦滅道聖諦者。彼最勝世界中。或名能燒然。或名最上品。或名決定。或名無能破。或名深方便。或名出離。或名不下劣。或名通達。或名解脫性。或名能度脫。諸佛子。最勝世界。說四聖諦。有如是等。四百億十千名。隨眾生心。悉令調伏。

最勝世界是南方，先說我們娑婆世界，其次說東方，說完東方又說南方。「最勝世界」，翻我們華言叫「豐溢」。「最勝」是意譯，若就名詞上說，叫「豐溢」。最勝世界在南方，以前的名字叫「豐溢」。「豐溢」是正翻，我們翻「最勝世界」是約義理來翻的。在最勝世界，說生老病死是「有勢力」。說苦有勢力，就是苦有力量。有什麼勢力呢？逼迫你，就像四座大山臨近你、壓迫你，那當然感覺苦。名字不同，義理都是一樣的。

生老病死，給眾生造成的苦難，就像什麼似的呢？佛舉個例子，佛對波斯匿王說：「大王，有親信人從四方來，各作是言，有四大山。」這是解釋四大山臨人，釋迦牟尼佛對波斯匿王說的，「四大山」就是生老病死，它要來害人的，說你要聽到作何打算呢？當設何計？佛問波斯匿王：「說假使四大山來逼迫人民、壓迫人民，人民就要受苦，怎麼辦？」波斯匿王言：「設有此來，假使有四大山來，無處逃避！」往哪逃？逃是逃不了的。應該怎麼辦呢？專心持戒，只持戒不算，還要布施，供養一切眾生。眾生生老病死的逼迫，怎麼辦？持佛所教導我們的，專持淨戒，把一切惡止住，戒是防惡行善。之後還要布施，上供諸佛，下施眾生，這樣來逃避四山的大難。

對於波斯匿王的答覆，佛就讚歎：「善哉！大王。」說你做得好！四山是什麼？是眾生的生老病死。生老病死常來逼迫眾生，若是不修持戒，四山常來逼迫你。賢人與不賢，豪強與脆弱，這是形容四山。沒有能脫的，只有布施、持戒能躲四大災難。

諸佛子。此娑婆世界。所言苦聖諦者。彼離垢世界中。或名悔恨。或名資待。或名展轉。或名住城。或名一味。或名非法。或名居宅。或名妄著處。或名虛妄見。或名無有數。諸佛子。所言苦集聖諦者。彼離垢世界中。或名無實物。或名但有語。或名非潔白。或名生地。或名執取。或名鄙賤。或名增長。或名重擔。或名能生。或名麤獷。諸佛子。所言苦滅聖諦者。彼離垢世界中。或名無等等。或名普除盡。或名離垢。或名最勝根。或名稱會。或名無資待。或名滅惑。或名最上。或名畢竟。或名破印。諸佛子。所言苦滅道聖諦者。彼離垢世界中。或名堅固物。或名方便分。或名解脫本。或名本性實。或名不可毀呰。或名最清淨。或名諸有邊。或名受寄全。或名作究竟。或名淨分別。諸佛子。離垢世界。說四聖諦。有如是等。四百億十千名。隨眾生心。悉令調伏。

娑婆世界的所有名言，在離垢世界變了，那個世界有那個世界的名詞，道理跟娑婆世界是一樣的，跟我們現實生活也如是。陝西省說的話跟東北方言有點不同，各個省份的話都不同，在一切世界中所有的名詞不同，義理還是一樣的。一個是由惑而生業，由業而受苦，惑是因，有什麼因就感什麼果。我們經常說起惑造業，起惑是心裡想的，本來我們心裡想的是妄想，這個妄想有時候它要去做，想完了之後，不是想想就算了，想想要去做，要去做就叫造業。這個業是苦業，由什麼呢？苦因，起惑造業，這個苦因一定要感苦果。

如果想想就算了，只是心念，那不同了，並不是我們所有打的妄想都去作業，不見得，打妄想想想就是了。想想，在菩薩說是想已經犯錯誤了，在凡夫說得作業才算，才能感果，業能感果。你從做任何事，不論大小，只要你做了，做了一定要受，那你作善業，善業感善果了，惡業感惡果。修道，道也是作業，那就得到滅的果。那個世界的名字跟我們這個世界的名詞不同，義理是同的，苦集滅道都一樣的。一個是作生死業，一個是解脫業，那就看你所作的業，娑婆世界如是，離垢世界也如是，儘管名詞不同，所含的義理是一樣的。懂得這個道理，那個世界跟這個世界一樣的，起惑、造業、受苦。

這裡可沒有說西方極樂世界，極樂世界是你造的淨業，沒有這個名詞，當然不同了。這都說的跟這個相等的，有穢染世界，有穢有淨。純淨的世界沒有說，這都跟這相類似的，西方離垢世界在西方極樂世界的那邊，西方極樂世界比離垢世界還很遠。因為這是我們隣近的，娑婆世界隣近的諸個國土，諸個世界，但是生老病死苦煩惱，這個周圍的世界跟我們這個世界是相近的，沒有說淨佛國土，說的是相似國土，可以意會，用我們的義理去想。

諸佛子。此娑婆世界。所言苦聖諦者。彼豐溢世界中。或名愛染處。或名險害根。或名有海分。或名積集成。或名差別根。或名增長。或名生滅。或名障礙。或名刀劍本。或名數所成。諸佛子。所言苦集聖諦者。彼豐溢世界中。或名可惡。或名名字。或名無盡。或名分數。或名不可愛。或名能攫噬。或名麤鄙物。或名愛著。或名器。或名動。諸佛子。所言苦滅聖諦者。彼豐溢世界中。或名相續斷。或名開顯。或名無文字。或名無所修。或名無所見。或名無所作。或名寂滅。或名已燒盡。或名捨重擔。或名已除壞。諸佛子。所言苦滅道聖諦者。彼豐溢世界中。或名寂滅行。或名出離行。或名勤修證。或名安隱去。或名無量壽。或名善了知。或名究竟道。或名難修習。或名至彼岸。

或名無能勝。諸佛子。豐溢世界。說四聖諦。有如是等。四百億十千名。隨眾生心。悉令調伏。

這是說北方，在我們娑婆世界的北方，那個世界名豐溢世界，豐溢世界的四聖諦法名詞跟我們娑婆世界的名詞不一樣的，名詞雖然不一樣，所含的義理都是一樣的。這十方世界都是雜染世界，沒有舉清淨世界，它舉的都是雜染世界，跟我們相似的。四聖諦法的名詞不同，但是斷、修、證，還是相同的。

諸佛子。此娑婆世界。所言苦聖諦者。彼攝取世界中。或名能劫奪。或名非善友。或名多恐怖。或名種種戲論。或名地獄性。或名非實義。或名貪欲擔。或名深重根。或名隨心轉。或名根本空。諸佛子。所言苦集聖諦者。彼攝取世界中。或名貪著。或名惡成辦。或名過惡。或名速疾。或名能執取。或名想。或名有果。或名無可說。或名無可取。或名流轉。諸佛子。所言苦滅聖諦者。彼攝取世界中。或名不退轉。或名離言說。或名無相狀。或名可欣樂。或名堅固。或名上妙。或名離癡。或名滅盡。或名遠惡。或名出離。諸佛子。所言苦滅道聖諦者。彼攝取世界中。或名離言。或名無諍。或名教導。或名善迴向。或名大善巧。或名差別方便。或名如虛空。或名寂靜行。或名勝智。或名能了義。諸佛子。攝取世界。說四聖諦。有如是等。四百億十千名。隨眾生心。悉令調伏。

這是攝取世界在東北方，名字不同，它的義理跟娑婆世界還是一樣的。

諸佛子。此娑婆世界。所言苦聖諦者。彼饒益世界中。或名重擔。或名不堅。或名如賊。或名老死。或名愛所成。或名流轉。或名疲勞。或名惡相狀。或名生長。或名利刃。諸佛子。所言苦集聖諦者。彼饒益世界中。或名敗壞。或名渾濁。或名退失。或名無力。或名喪失。或名乖違。或名不和合。或名所作。或名取。或名意欲。諸佛子。所言苦滅聖諦者。彼饒益世界中。或名出獄。或名真實。或名離難。或名覆護。或名離惡。或名隨順。或名根本。或名捨因。或名無為。或名無相續。諸佛子。所言苦滅道聖諦者。彼饒益世界中。或名達無所有。或名一切印。或名三昧藏。或名得光明。或名不退法。或名能盡有。或名廣大路。或名能調伏。或名有安隱。或名不流轉根。諸佛子。饒益世界。說四聖諦。有如是等。四百億十千名。隨眾生心。悉令調伏。

諸佛子。此娑婆世界。所言苦聖諦者。彼鮮少世界中。或名險樂欲。或名繫縛處。或名邪行。或名隨受。或名無慚恥。或名貪欲根。或名恆河流。或名常破壞。或名炬火性。或名多憂惱。諸佛子。所言苦集聖諦者。彼鮮少世界中。或名廣地。或名能趣。或名遠慧。或名留難。或名恐怖。或名放逸。或名攝取。或名著處。或名宅主。或名連縛。諸佛子。所言苦滅聖諦者。彼鮮少世界中。或名充滿。或名不死。或名無我。或名無自性。或名分別盡。或名安樂住。或名無限量。或名斷流轉。或名絕行處。或名不二。諸佛子。所言苦滅道聖諦者。彼鮮少世界中。或名大光明。或名演說海。或名簡擇義。或名和合法。或名離取著。或名斷相續。或名廣大路。或名平等因。或名淨方便。或名最勝見。諸佛子。鮮少世界。說四聖諦。有如是等。四百億十千名。隨眾生心。悉令調伏。

諸佛子。此娑婆世界。所言苦聖諦者。彼歡喜世界中。或名流轉。或名出生。或名失利。或名染著。或名重擔。或名差別。或名內險。或名集會。或名惡舍宅。或名苦惱性。諸佛子。所言苦集聖諦者。彼歡喜世界中。或名地。或名方便。或名非時。或名非實法。或名無底。或名攝取。或名離戒。或名煩惱法。或名狹劣見。或名垢聚。諸佛子。所言苦滅聖諦者。彼歡喜世界中。或名破依止。或名不放逸。或名真實。或名平等。或名善淨。或名無病。或名無曲。或名無相。或名自在。或名無生。諸佛子。所言苦滅道聖諦者。彼歡喜世界中。或名入勝界。或名斷集。或名超等類。或名廣大性。或名分別盡。或名神力道。或名眾方便。或名正念行。或名常寂路。或名攝解脫。諸佛子。歡喜世界。說四聖諦。有如是等。四百億十千名。隨眾生心。悉令調伏。

諸佛子。此娑婆世界。所言苦聖諦者。彼關鑰世界中。或名敗壞相。或名如坏器。或名我所成。或名諸趣身。或名數流轉。或名眾惡門。或名性苦。或名可棄捨。或名無味。或名來去。諸佛子。所言苦集聖諦者。彼關鑰世界中。或名行。或名憤毒。或名和合。或名受支。或名我心。或名雜毒。或名虛稱。或名乖違。或名熱惱。或名驚駭。諸佛子。所言苦滅聖諦者。彼關鑰世界中。或名無積集。或名不可得。或名妙藥。或名不可壞。或名無著。或名無量。或名廣大。或名覺分。

或名離染。或名無障礙。諸佛子。所言苦滅道聖諦者。彼關鑰世界中。或名安隱行。或名離欲。或名究竟實。或名入義。或名性究竟。或名淨現。或名攝念。或名趣解脫。或名救濟。或名勝行。諸佛子。關鑰世界。說四聖諦。有如是等。四百億十千名。隨衆生心。悉令調伏。諸佛子。此娑婆世界。所言苦聖諦者。彼振音世界中。或名匿疵。或名世間。或名所依。或名傲慢。或名染著性。或名駛流。或名不可樂。或名覆藏。或名速滅。或名難調。諸佛子。所言苦集聖諦者。彼振音世界中。或名須制伏。或名心趣。或名能縛。或名隨念起。或名至後邊。或名共和合。或名分別。或名門。或名飄動。或名隱覆。諸佛子。所言苦滅聖諦者。彼振音世界中。或名無依處。或名不可取。或名轉還。或名離諍。或名小。或名大。或名善淨。或名無盡。或名廣博。或名無等價。諸佛子。所言苦滅道聖諦者。彼振音世界中。或名觀察。或名能摧敵。或名了知印。或名能入性。或名難敵對。或名無限義。或名能入智。或名和合道。或名恆不動。或名殊勝義。諸佛子。振音世界。說四聖諦。有如是等。四百億十千名。隨衆生心。悉令調伏。

◎類通一切

諸佛子。如此娑婆世界中。說四聖諦。有四百億十千名。如是。東方百千億。無數無量。無邊無等。不可數不可稱。不可思不可量。不可說。盡法界虛空界。所有世界。彼一一世界中。說四聖諦。亦各有四百億十千名隨眾生心。悉令調伏。如東方。南西北方。四維上下。亦復如是。

◎主伴無窮

諸佛子。如娑婆世界。有如上所說。十方世界。彼一切世界。亦各有如是。十方世界。一一世界中。說苦聖諦。有百億萬種名。說集聖諦。滅聖諦。道聖諦。亦各有百億萬種名。皆隨眾生。心之所樂。令其調伏。

說這麼一個十方世界，每一個世界又有一個十方，一一世界中無窮無盡的十方，苦聖諦都有百億萬種的名稱，這是重重無盡的意思。密訓世界是娑婆世界之伴，娑婆世界是主，其他的世界都是娑婆世界之伴，其他每一個世界都有佛，但是這個沒有說佛號，也像我們娑婆世界一樣，此世界是釋迦爲主的。這個十方世界，十方還有十方，百方世界，每一個世界都有一尊現在住世的佛，那是娑婆世界釋迦牟尼佛的伴。

若以密訓世界爲主，十方世界是密訓世界之伴，這裡面所說的法名詞，音譯不同，我們所念的這個是翻譯成我們娑婆世界的文，若是念原文不是這樣，我們念的是翻譯，那個世界的原文，那個話、那個音聲，不像我們這樣，還不說十方世界，就說娑婆世界南贍部洲所有的國土各個語言方言不同，涵義略有差別。就舉西藏民族，大家都學密教的，密教的名詞翻譯過來，如果用原文的意思，你沒法懂。比如說「吃飯」，它叫「薩摩薩」，翻成漢語叫「飯吃」，主客顚倒了。「喝茶」不叫「喝茶」，叫「加通」，翻過來就是「茶吃」，跟我們的生活習慣不同。各個世界的語言文字都如是，一個民族一個民族語言不同，但是它表達的義理，翻譯出來涵義是一樣的。肚子餓了要吃飯，表達的語言不同，涵義是一樣的。餓了要吃飯，知道這個涵義，你知道第一個娑婆世界，其他的也就這個意思。苦集滅道四聖諦法，那個佛弘揚的法根據那個國土，佛是隨緣應機說法，對哪一類衆生機說哪一類法，這叫四聖諦法。〈四聖諦品〉，我們就介紹這麼多。

四聖諦品　竟

光明覺品

○來意 釋名 宗趣 解疑妨

現在開始講《大方廣佛華嚴經》第九品，〈光明覺品〉。

學習的時候我們是依著華嚴五教，依照清涼國師的〈疏鈔〉，依照方山長者李通玄的〈合論〉，依著道霈禪師的〈纂要〉。不過，我們依〈纂要〉所說的較多。依過去大德所解釋的，就是把他對《華嚴經》的體會，給我們做一個輔導的意思。每學一品經，不一定要看注解，〈華嚴經疏鈔〉是清涼國師的解釋，他是證得的，他是悟得的。但是我們沒有悟得，因爲我們沒有悟得，我們可以先從經文入手，之後再看注解。《華嚴經》部頭大，注解很少，如果是看其他的經論，注解很多。那不是你的，而是人家的。最好你能夠依著經，通過自己的智慧，通過自己的思惟，再通過自己對於佛門的體會，理解這段經文所說的話是什麼意思。理解之後，你再看〈疏鈔〉也好，〈合論〉也好，〈纂要〉也好。〈纂要〉是清朝鼓山湧泉寺道霈禪師，他把〈疏鈔〉和〈合論〉兩個融合一下，之後，他也有自己的意見，這叫〈纂要〉。

最初開始的時候，這些注解你都不要依，就依著經文，以你的感受，你所學習的體會，之後再看注解，看人家是怎麼解釋的，你是怎麼認識的。凡夫的理解力，或者讀經，聽到佛的教誨，佛的教授方法，用自己的知見，先看一看，想一想，參一參。之後，再對照祖師的解釋，他們的知見是正知的，是悟知的，但是各有不同。我們現在初學習一部經，或者是學習一部論，大多數都先看注解，爲什麼？我們看不懂。藉著祖師大德的介紹，我們可以入門，但是你看哪部注解，先入爲主，你自己對這部經的理解，佛所教授的，你沒有發揮自己的知見。你看哪部注解，這個注解你很喜歡，對於這部經的理解，你完全變成是清涼國師的理解，不是你的理解。如果研究五教的祖師，他們各個不同的，爲什麼？他們各有各的知見，好比一部經，好多個著述，他不認同前人的著述，所以他才要再著述一個，表達他的知見來做貢獻，這是各個不同的。如果把每一個大德所講述的《華嚴經》紀錄下來，對照一下，各個知見，特別關要的地方是不同的。

因此，不要把自己的知見、把自己的悟性被前人的注解給止住了，那你發揮不出來，你隨著他的知見去認識！所以先用你的知見，你先去好好看一看、也去參一參，之後再對照他的知見，知道自己哪些錯誤的，哪些見解不對的，也不知道、並不是自己全錯了，不可能。你有你的看法，他有他的看法，這樣的好處在什麼呢？使你深入，能自己產生自己的悟性，把自己的悟性發揮出來。

現在講解的時候，怕誤導佛所教授的深義，怕說錯了，那就依著注解所說，現在我們就是這樣。依著清涼國師的，或者依著〈合論〉的，或者依著〈纂要〉的，反正這三位大德，有的是唐朝的，有的是清朝的。因爲自己沒有悟性，沒有悟性就依照別人的學，以別人的悟性作爲自己的悟性是不可以的。解說照著人家解說，這是文字解說，義理就不同了。人家說的深，我們說的淺。我們多數是依著文字而顯理的。有悟得的人，他是依著義理來顯義理，我們是依著文字來顯義理，這差了很大一劫，距離很遠了。有沒有後後勝於前前呢？有，除非文殊師利菩薩化身。

大家學習的時候，我們演說的只是個引子，引發諸位菩薩自己的悟，我們這裡講光明，引發你自己的光明。光明覺，你得先悟得，悟得這品的意思是什麼？不要看注解。光明是破黑暗的，覺是對著迷說的。光明是對著黑暗說的，說我們被無明惑迷惑，假佛、文殊師利菩薩的光明，把我們這個黑暗消除。我們在迷中，這品告訴我們的是覺悟，從覺悟中破除我們的迷惑。

有這麼兩句話，說你迷的時候，六道是宛然的，悟的時候什麼都沒有，在眞正的覺悟當中，沒有黑暗，也沒有天堂地獄，沒有流轉。迷的時候，六趣是宛然的。夢裡明明有六趣，就是你迷的時候，六道是明明都有的、眞實的。覺後呢？大千世界都沒有的，六道也沒有的。說你光明，光明就是智慧，有了光明、有了智慧，有了覺悟，跟你現實的生活、現在的環境，客觀的一切現實全不是這樣，這是迷失的境界。你懂得這個涵義，你去觀察，觀察什麼呢？你意念之中所有的業用，觀察就是用你的意念，就像你看生活一樣的，在日常生活，不能沒有你的意念，得有意念。走個路，你得睜開眼睛看看，別掉到坑裡頭。這就是意念指導你的行爲，學習亦如是的。

我們前面講佛的名字，講了這麼多，只有講名，沒有說佛身，沒有介紹每一個佛在每一個世界，他所現的化身、報身、法身。法身，當然十方諸佛都同了，他有他的身，光說名，沒說身。法呢？法也不同，有權法、有實法、有方便法。權是方便，實法是究竟，現在我們講的都是實法，實法也得有權方便，沒有權怎麼達到實呢？佛有身有名，法有權有實，但是儘管我們說那麼多佛名字，離開名去觀他的身，離開身去觀他的性，這樣的觀，這樣的體會，知道佛佛道同。前面說是佛名號，說那麼多十方世界，名必詮義，名是假一定有道理，名義，義就是諦，四聖諦法都一樣的，名字雖有差別，事實都一樣的。《華嚴經》講圓、講徧，圓徧就沒有差別，說那麼多的差別，那麼多的十方世界，主、伴，東西南北中上下十方，名字有差別，理無二致，理是一個，分別起來，無窮無盡，收攝起來，圓融的現前一念，理事修證都包括在內，都如是的。

如果看〈疏鈔〉的話，假設問答很多，解釋很多，這叫懸談。我現在講《華嚴經》，懸談大部分取消了，爲什麼？這是對久學者說，你看看懸談，離開經文去談大意。我們一談，摸不著邊，照樣畫葫蘆畫的不像葫蘆，畫的像個瓢，那還不如不畫，本來面目，畫的不相應是誤導。好多地方我沒有這樣解釋，略說而已，也不是全部解釋。略說讓我們能夠明白的大意，跟大家說一說，我剛才跟大家說，要大家用功夫。學什麼法，都要自己參，參完了才能悟，別人說的，但有言說，都無實義。

言說不是實義，它能給你介紹。師父領進門，修行還得靠個人，得靠你自己，意思就含著讓你得多參、多悟入。普徧的定義，大家都會明白，必須介紹一下，特別是深入的時候，要靠自己參，參是什麼呢？就是領悟的前兆，你要想領悟，必須得琢磨琢磨、參一參，遇見一件什麼事，不要人家說，你也照樣說，照樣說效果不大。你多思惟一下，能夠思惟到幾分，就是幾分。

現在我們講這一品，是讓你悟入，同時讓你信，只要文殊菩薩所說的法，在《華嚴經》上全是信，讓你信，信什麼呢？信你的體是光明的。就是解釋光明覺，體是光明的。光明的體產生一定作用，什麼作用呢？覺。光明是體，覺就是用。用什麼？用光明破除你的黑暗。我們認爲在光明之中，大天白日的看什麼都清楚，實際你在黑暗當中。爲什麼受這麼個報？爲什麼有生老病死苦？爲什麼有苦集滅道？爲什麼佛說這些法？法是方法，這些方法我怎麼樣去用？你想用這個方法，你先得覺，覺了你才能放出光明，光明就是智慧；你不覺就糊裡糊塗的，光沒有了。光是表佛身的，體是表身的。佛有法身、有智身，前面講了很多，有身光、有智光。覺呢？感覺，你感覺如何？你對境才有感覺，有時從音聲感覺，給你說，你聽到了，叫你的。有時他沒說，或者巴了你一下子，給你一拳頭，你也感覺，你要回頭看看，這叫覺，這是很明顯的，覺就是知。

但是覺有兩種，有一種用，是覺知，不知道我現在明白了，覺知。還有覺悟，這個大家都能懂，不明白的明白了，就叫覺悟。有時候有感覺，有時沒有感覺。我們可以看精神失常的人，精神病患者，他跟我們一樣的，外表看起來一樣的，他現在連覺知都沒有，連妄的覺知也沒有，迷中之迷，精神失常了。那個覺知、覺悟，他沒有了，也就是神經系統壞了。還有一個能照的光，就是能知的智，所知的境。有你知道的，有你不知道的。不知道就是我能覺所覺，能覺悟的是主觀上的，所覺悟的是客觀的一切事物。佛的身若放光，照事又能照理。他能事法界明明了了，爲什麼？理法界如實證知。他能見到無邊的事，無邊的理。菩薩就不是這樣，他不能圓徧的，他能相似的知、相似的覺，或者他知道不圓滿、不究竟。

現在這一品是文殊師利菩薩所演的，事和理雙照。事有事的理，理有理的理，理又能成事，事又能顯理，就是理事無礙，事和理相融，因爲事能成理，理能顯事，再進一步達到事事無礙，事事都是理，這樣就是覺，光照的意思。事理不融，我們事也不通，理也沒證入，所以都是乖違的，既無覺也無明，我們六趣是宛然的。因此學這個就迴光返照一下，對任何事物多觀照，既要認識事物的本質，就是他的體，也要了解事物的現相，這是境。能了解境的是你的心，我們現在這個心是識，不是智。現在我們這個學習是熏習，轉識成智，我們學習的時候應該注意的，這就是光明覺。我們大光明沒有，小光明還是有，當你入了佛門之後，自己沒有假佛菩薩的光明，自己不覺，接受佛說的教授，學習佛所教授的，怎麼能夠達到覺、怎麼樣能夠達到光明。

我們講身和智，身和智是兩個是一個？我們這是身是身、智是智，等你悟得的時候，身即是智，智即是身。身智不是兩個的。覺有個能覺、有個所覺，舉這個能覺所覺的涵義，哪個地方不舒服，哪個地方痛，這是你的覺。能覺的，覺到我的腿或者我的肚子痛，或者腦殼痛，你覺到了，覺到哪部分痛。但是痛的是你的體，體是虛妄的。但是能覺到體痛的那個覺，這個覺痛不痛？佛教授我們說「有覺覺痛，無痛痛覺」，你感覺著痛，這個痛痛不到你的感覺。沒了覺，沒有這能覺，他就不知道痛不痛。爲什麼？精神病患者，特別是痲瘋病的人，他的心靈就是那個識，痲醉了失掉了，他自己咬自己手指，不感覺痛，沒痛了他無覺了。要是一開刀，先給你打個痲藥針，先把你那個覺給痲醉了，你不知道了。等你覺悟那個覺，眞正覺悟透了，那個他又痲醉不到了。覺跟痛，那個覺悟，那個覺的光明，或者光明或者覺悟離開肉體，它跟肉體不是一個。這個要經常作思惟，明白說這個覺了，不明白說這個糊塗了，沒覺，迷了。

說到佛的光，說到智身光明，我們距離還很遠的。我們先從外面客觀上的光、太陽的光輝、月亮的光輝乃至燈的光輝，大家可以這樣觀想，沒有發明電燈之前，除日月的光明之外，所有的火燭的光跟電光能比嗎？怎麼能知道的電光，怎麼能在空中取出電來，這是不是覺？科學家的發明是不是覺的一份？把那個知在世間的發明創造，之後從離世間法來證實這個光。佛經也說電光，雷火之光，其他各種發光，類似的。像我們現在不知道的，五十五年就是一夜，這還是不覺，達不到覺悟。怎麼能到這個覺悟？這是事，理上不明，所以事上也就不知道，融通不了。對境有礙，礙就是障礙的礙。這個事不明了，其他的事、生死的事，你不明了的還太多了。所以這個道理，一個覺、一個光明都要體會。

這一品講光明、講覺。在教義上，講宗旨、趣向。這一品的宗旨是什麼呢？覺悟，這一目的就是達到覺悟，目的就是宗趣。趣是讓你信，從現在開始都是講信，文殊菩薩教授我們的都是要信，令一切眾生生起信，這是最根本的。信什麼呢？信覺、信光明，你要信覺，才能向覺的方向去趣向、投入。怎麼樣讓我們能夠明白理解，理解就是深透一點，認得事物的本體，事物是怎麼樣生長的，找它生起的原因，就是緣起。找它的本質、找它的體性，體性沒有，那就是性空。依著這個就知道本品的意思，就是讓你生起信來，信光明、信覺悟。

前面如來出現的時候，從足下放光，照燭十方，那是光明。佛從足下的放光，就是讓你開始要生信。所有三千大千世界你要信，不要只信你這個小地方、小村落、這個國土，你要信三千大千世界。你要信三千大千世界，無量的三千大千世界，無邊的三千大千世界。信華藏世界，信世界成就，信普賢菩薩，實實在在是入了普賢三昧說的這些法，相信如來的出現。現在我們講了八品，信嗎？那是佛的果德。依正二報，依報是世界成就，華藏世界，正報是佛，普賢入的三昧，諸大菩薩。或者你看從座裡放光，出現那麼多菩薩，信嗎？聽著經文隨著念念而已，你相信？信不進去，如來出現的所有勝境，如來從足下放光，沒有文殊師利菩薩顯示，我們知道如來足下放光，是令一切眾生信嗎？信什麼呢？光明覺，覺什麼呢？覺如來足下放光，讓一切眾生感受生信。

你的心境要大一點，認識認識世界，認識世界佛國土。我們說世界的無量無數，每一個世界都有佛在說法，信佛的無量無邊。之後再信虛空界，再信法界。一切諸佛都是依著法身、智身，佛成就了都是法身、智身。這些法身智身怎麼成就的？要信，信之後發願，發願你也去修去做。覺悟了，信心生起就是覺悟，不覺悟你怎麼會生信！信完還得假因緣，不是信完了就能起修。當你起修的時候，因爲信了之後要發願想成佛，想成佛得去作，作就起修，是因爲這個因緣才說光明覺。隨著你的智慧照耀，智慧怎麼生起的？你現在觀你的心，大家都會念《心經》，《心經》第一個字就說觀，觀照十方，前面講的那麼多世界，我們觀照不到，先從現在你所處的環境，先從這個觀，一步一步觀。起觀的時候得信，沒信你觀照不起來的。觀你的內心跟外面所對的境，這裡頭有沒有個中間？中間是什麼？就是你這個信心，跟修方便法，入佛所教導的正受三昧。你信心了，才能夠進入法門，能住在法門上，不起任何執著。

如果不依此而入，沒有信心。換句話說，你不相信太陽、不相信月光、不相信燈光，沒有這個光，你是處於黑暗的。你信，信光給你照路的，免你墮坑落塹。你有了信心，一直跟著三寶修學進入，不爲五欲境界糾纏，能夠達到這個信，信滿了才能住。漸漸依這些次第，而每地每地、每位每位，他都有神通道力，都起它的作用，能起到佛的神通大用，一切都成了。如果有這個信心，心對境的時候，就是內心對外邊境的時候，你能夠產生不執著。這樣信了，能覺知起心動念，怎麼表現有信心？「覺知前念起惡，止其後念不起者」，這有了信心。我們現在是覺知前念起惡，不但不止，而且隨著攀緣，完了去作惡，惡成就了。我們現在覺得太疲勞了該休息休息，這是懈怠！隨著懈怠心，之後離開現實，或者正做什麼工作不做了，回去睡大覺。睡大覺的時候，這就助成，起不現心所，懈怠心所，而且去懈怠，就是這個意思。信了，不隨業轉，知道這個念頭不對了，馬上制止，覺知前頭起的念頭不對，不順三寶，不順善法，馬上止住了，你已經有了信心，不但有了而且深入。

因此，入信心的，隨著這個覺，隨著這個光明，覺光明是顯覺悟的法。覺悟了，眞能達到究竟，才有光明。你覺悟的時候，沒有光你是不能進入的，沒有光是不能進入正知正見。沒有三寶的加持力，你不能夠脫離一切的六道輪迴，這個信心，能有信了，相信什麼呢？既沒有外境，沒有內心也沒有中間，沒有內外中間。這又說深了，信心要信什麼？相信與佛無二無別，相信自己是佛，沒有一切的內外中間。

心和境！我們最初講〈大乘起信論〉，跟大家講相信自己是佛，跟毗盧遮那無二無別這個信心，信的肯定了，能夠領受了，就是信成就，這就入了方便三昧，成就佛所教授的方便法。從這個三昧能入十住的初住。這個時候能有三寶光明，使你進入普賢菩薩願海，進入文殊師利菩薩的大智初入門，也能夠成就佛的大用。如果不能這樣觀，不能這樣覺，你想入普賢願海，乃至得神通道力，是絕對不可能的。

這是在普光明殿說十信心，一切凡夫相信自己的心，契合佛的果德。相信佛的名號，相信依報的華藏世界，正報的各各世界佛之名號，相信四聖諦是佛親口所說的。每一信都徧周法界，因爲佛果是徧的，因信的教理，佛的教授。沒有信心就沒有修行，信心也在行，不過沒入行位，信的目的就要去做。這個信，還要相信佛所說的一切教法，佛從佛的口業、神通妙用所說的一切法，讓我們成就信心。前面所明的佛之依正因果是普徧於未來，一直到你成佛爲止。你也相信自己的心、自己的智慧，對外面的境界也是普徧的，這要有信心。

相信自己是一切處不動智佛，智慧是徧一切處的，就是不動智佛。並不是只在五臺山有文殊師利菩薩，乃至我們娑婆世界、無量世界，不止是不動世界，文殊徧一切處，文殊的智徧一切處。從現在開始，十首菩薩所演說的法，文殊師利菩薩跟以後的覺首、目首、財首、智首，說法契合，有請有說。智首菩薩請文殊師利菩薩說，那是〈淨行品〉。我們這是第九品，〈淨行品〉是第十一品，這都是說信的。在普光明殿說十信心，使凡夫的心能夠跟佛果契合，佛的種種名號是佛德所成的，佛的身口意，眼、耳、鼻、舌、身、意所表現出來的，名字也徧周的。四聖諦，佛所說的法，行是普徧的，徧周法界的，讓你相信四聖諦，除掉世間的因果，證得出世間的因果。不但信，還要去做。萬丈高樓平地起，走萬里路還得從第一步開始，你邁了第一步，才能行萬里路。我們說超越三昧，這些都是攝受而已。

頓超直入，立證菩提。頓超是從漸來的，沒有漸怎麼會有頓呢？沒有多生的修，今生怎麼能契入呢？佛在說頓的時候，鼓勵你不要在漸上不捨，就是你一步一步往前走，不要停留，是這個涵義。信悟，就是說十信的時候，所生的光、所生的明、所生的覺悟，那是信心增長了，自信自己的心，這個很難。相信自己的心，心跟境界都是普徧的。說我們學華嚴，心量大了，是大菩薩了！你要知道，功德是徧法界的；但是你做一點點小惡，一個起心動念也是徧法界的。善大惡也大，心量大了，你別做一點小事，一念之間、一念之差徧法界。一大一切大，善大惡也大。你做一點點小惡，那是普徧的。自信自己的心、智慧、一切境界相，自己所修行，一念之間徧法界。在你念佛的心，念一聲佛號徧滿法界，但是你作一念惡，起惡心也徧法界。

前面我們講文殊師利從十方世界來的十首菩薩，他們的身、語、意也是徧周法界。無量法界都是度衆生。說信心，相信前面所說的都是佛的果，相信佛的果德。相信自己的智、自己的明跟佛無二無別，還要相信文殊師利菩薩的妙慧就是自心的妙慧。文殊師利是自己，毗盧遮那是自己，十方諸佛菩薩都是自己，信嗎？這個信心很不容易生起的。

相信他惡就是我惡，他的惡業就是我的惡業，那我有責任。有什麼責任呢？度他，教化他。你想諸佛的德就是我的德，一切衆生的業就是我的業。這個信心非常的難。我們平常只說一面，我就是毗盧遮那佛。不錯，你是毗盧遮那佛，你也是一切衆生，三塗六道都有你的份，體是徧的。只揀好的，爛的就不要了，那個信心就不普徧，不是這樣講的。善大惡也大，你作善，作一點點小善徧法界，無量無邊的善。你若作惡？無量無邊的惡。你心量大了，不能理解一面，他是全面的。相信自己的智慧與佛同，還得相信一切衆生，地獄三惡道的衆生都與毗盧遮那同，不是光你自己，體是圓滿的、無欠缺的。

說我們的信心不具足，就是這個原因。你相信文殊菩薩所有的妙慧，就是自心的妙慧。每逢觀想的時候，心裡想得普徧一點。如果每個人都相信，一切衆生的惡都有我一份，那不是你做壞事、殺一個人腦殼的問題。有些人你殺他腦殼也不怕，他沒有恐怖感。但是你若傷及他所最愛的、所最信的，或者愛人也好，父母也好，傷害他了，比傷害他自己還嚴重得多。他的心裡只侷限於自己所注意的，他不注意的就不管了，這個心就不叫信心。我們把信心提高到更高的境界。你相信文殊菩薩的智慧，就是你自心本具妙理上所產生的智慧，本具的智慧。

◯釋文

◎如來放光

爾時世尊。從兩足輪下。放百億光明。

若講信，最初從下而至上，對我們的身體來說，最卑賤的是足，承受苦難的也是足。身得力、身得住，都是由於足，所以佛從足下放光，表示開始生信。但是就是這個因，該徹果海，一發心即成正覺。若沒有這個信心，正覺永遠成不了，這是形容圓滿無缺。我經常講光，這裡把光解釋得非常廣泛。說佛足下放百億光明，百億光明把它收攝就是一光，一光是從足下放的。足下是表示從下而至上，我們前面講信，因爲信才能進入。從足下光向上升，顯什麼？要想進入菩提道果，不能用情感，情感是超入不了的，得用智慧。足下光是表明菩提的智慧，這一品顯菩提的智慧，顯菩提的因果，一共舉了八項菩提。之後還顯菩提的體性，這體性怎麼成就的，這果海怎麼成就的，顯菩提因果，先顯菩提之因。菩提之因就是染淨，淨就是菩提，染是不能成就菩提，染是對立的。

◎光至分齊

照此三千大千世界。

佛從足下放光，光照三千大千世界，三千大千世界在〈疏〉裡講了很多。我們講《華嚴經》是圓滿大教，圓滿什麼呢？佛所說的法都圓滿在華藏智海裡。現在從頭說起，〈俱舍論〉，一般是定爲小教的，其實是華嚴義，所有一切教義都可以成爲華嚴義，華嚴義理所攝，這是華嚴義理的一部分。

佛的世界不能脫離四大部洲，沒有四大部洲，佛的世界怎麼成立呢？大小是一對，有大才有小，有小才說大，在《華嚴經》是講究竟了義，沒有大，沒有小。我最初講大方廣的大，是絕對絕待，不是大小的大。要是就世間說，那得學三千大千世界，三千大千世界裡說四大部洲，四大部洲得說一洲，這一洲還好多國，每一個國家先得說省，它分了好多省，每個省還有好多縣，縣底下還有鎮，還有村，不是那麼就成一個國的，得有好多村落。十三億多人口是一個一個人湊成的，不是最初就能有十三億。

從這個小世界到大世界，到三千大千世界，翻過來這樣說。佛放這個光，無處不照。三千大千世界是釋迦牟尼佛所教導化度的，是說三千大千世界，說足下放光就照著三千大千世界，把他擴大了說，一法界之內無所不照，法界沒有內外，普徧光照法界。爲什麼單照三千大千世界？足下放光，給這個世界說十信法門。足下的光照這個現實的三千大千世界，讓現實的三千大千世界，都能夠令一切衆生生信。解釋有百億閻浮提，先解釋一個閻浮提，「閻浮提」就翻「贍部洲」，「南贍部洲」。「南贍部洲」在阿耨達池的岸邊，有一個樹叫「贍部」，以贍部樹定爲洲的名字，「提」就是「洲」。「閻浮提」就是「贍部洲」，「南贍部洲」，因爲他在小千世界的南邊。

百億閻浮提。百億弗婆提。百億瞿耶尼。百億鬱單越。百億大海。百億輪圍山。

這就是南閻浮提的四大部洲。閻浮提成爲百億是依照我們此土的演算法，在上古的時代，黃帝演算的法數有三種，上、中、下。下等的數字，以乘法的十十變之，把一個變成十，十十演變，一至十，一至十。中等的百百變之，一百一百一百，就這樣加倍地增加。三千大千世界，現在今說的三千閻浮提，乘以小數的來計算。爲什麼有百億？就說有萬億，因爲從百百變之而來的。從一萬到一億，如果連續說萬億，別把它當成了一萬億，就是從萬到億，我們現在的數字都是這樣變，十萬、百萬、千萬，萬萬到億，由百百的變就有百億，百億是這麼來的。

這裡是以百億俱胝來算的。俱胝分三種，有十萬俱胝、百萬俱胝、千萬俱胝，因此要以三千的俱胝數字來算，或者是百數，或者到千數，或者叫百千數，都譯成千萬，千萬就是百數。這個數字我們不去統計也不去算，大概知道這麼一個意思就行了。

百億菩薩受生。百億菩薩出家。百億如來成正覺。百億如來轉法輪。百億如來入涅槃。

都用百億來算，百億閻浮提，百億四大部洲。佛成道之後，最初所放的光明，從出生到涅槃，在我們佛教說叫微細三昧，這叫微細門。過去、現在、未來，這叫三世。三世的一切微細就是所有的變化。釋迦牟尼佛在摩竭提國，以報和化融爲一體的，這是報化。釋迦牟尼佛是化身，報身盧舍那，這個地方沒有提盧舍那，這以釋迦牟尼佛跟他報身化身融合，他的化處見他的報身。在他的報處來見他的化身，顯現著只是一佛，顯佛的自在，不要用思想去想，不要用言語去議論，這是你想不到的，議論不到的。這是說微細門，什麼叫微細門呢？一中頓具一切諸法，炳然齊現，這就叫微細門。在一個裡頭，在一個現無量的事，一相之中現無量的相。

舉例來說，佛八相成道，一相就具足其他的七相。在母胎具足了成正覺的相，具足出家的相，一相就具足其餘的七相，是這個涵義。融三世，三世就代表十世隔法異成。《華嚴經》講十世，各個世都不同，就叫隔法異成。受生是過去，涅槃是未來，涅槃跟現在受生就是在入胎的時候八相都現，就是具足，這叫法是有隔的，這個法門是有間隔的，但是同時顯現，隔法異成，就是這個涵義。我們最初講《華嚴經》，你先融會、理解心法，你不融會、不理解心法，在經文裡頭顯現的，所解釋的，類似這樣的義理，都是如是的。見到化即是報，見到報即是法，三身是一體的。雖然說了這麼多數字，這麼多的什麼，這是從數字，從異成，異是不同的成就，所成就的，沒有分別、沒有差別。

百億須彌山王。百億四天王眾天。百億三十三天。百億夜摩天。百億兜率天。百億化樂天。百億他化自在天。百億梵眾天。百億光音天。百億徧淨天。百億廣果天。百億色究竟天。其中所有。悉皆明現。

這是舉須彌山王，四天王天跟忉利天都依著須彌山，所以舉須彌山王。

如此處見佛世尊。坐蓮華藏師子之座。十佛剎微塵數菩薩。所共圍繞。其百億閻浮提中。百億如來。亦如是坐。

如果你在會中見著佛坐的蓮華師子之座，把它擴展到十佛剎微塵數都如是。擴展這個蓮華之座，有十佛剎微塵數大菩薩所共圍繞，每位菩薩都有座，因此說百億閻浮提中就有百億如來如是座，也有百億十佛剎微塵數菩薩所共圍繞。說這個是什麼意思呢？在菩提場一會，就具足了一切會。每一處又有很多的會，每一會都是個別的，把它收攝來就是一會，一會就是一切會。在此處坐蓮華之座，十佛剎微塵數菩薩圍繞，在其他一切處，都是坐蓮華座，都有如是諸菩薩圍繞。

悉以佛神力故。十方各有一大菩薩。一一各與十佛剎。微塵數諸菩薩俱。來詣佛所。其名曰文殊師利菩薩。覺首菩薩。財首菩薩。寶首菩薩。功德首菩薩。目首菩薩。精進首菩薩。法首菩薩。智首菩薩。賢首菩薩。是諸菩薩。所從來國。所謂金色世界。妙色世界。蓮華色世界。薝蔔華色世界。優鉢羅華色世界。金色世界。寶色世界。金剛色世界。玻瓈色世界。平等色世界。此諸菩薩。各於佛所淨修梵行。所謂。不動智佛。無礙智佛。解脫智佛。威儀智佛。明相智佛。究竟智佛。最勝智佛。自在智佛。梵智佛。觀察智佛。

前面講此世界，周圍的世界，每一個世界都有佛，有佛就有伴，主伴圓融，有那麼多大菩薩，十方的每一方都有個大菩薩。

十首菩薩是代表十智如來，都以佛神力，顯現的神通，神通妙用就是大用。現在所標的，是標佛剎的名，佛名、菩薩名。這是光的出處，光所照的境界遠近，他一舉就是百億衆，百億衆就是衆會菩薩同來集會。又舉一切處佛剎的佛是智佛。十首菩薩來的都是那個佛剎的佛，都是十處菩薩所來的，那世界的佛都叫十智。

文殊師利菩薩所在的金色世界，是不動如來，以下的每個菩薩配一尊佛號，配一個世界。這是從哪顯現的？從爾時世尊他的足下，從足放出來百億的光明。我們最初講《華嚴經》，佛出現的時候是放眉間的光明，此處放的是足下百億光明。爲什麼這樣呢？是表十信位的，眉間放光是表果位的，這是表因位的，一切菩薩的智光明普照十方。佛足下放的光，又教化著十方，普照十方的這些大菩薩，助佛揚化是什麼呢？安立十信法門。假五位，十地，一切法門的次第，令一切衆生依位去進修。五位，就是信、住、行、向、十地。信了就住，住之後就進，進就是行。信、住、行、向、十地，每一法都是有次第的。

頓得先說次第，頓是依著漸起的，令每位的進修開智慧，每一位的智慧都不一樣。成就這五位的衆生，能夠福德無量，智慧圓滿。佛光明的意思就是照耀十方。令十信、十住、十行、十迴向，乃至十地，令這些菩薩都能夠入佛的無量法門，給他們種善根。因此這些受教的人多，法門也無量，所以名爲藏。文殊師利菩薩初見善財童子，就讚歎善財童子，「善哉功德藏」，他一見到善財童子，就說你含藏無量功德，你能來至我所，這是第一種涵義，也就是放光的涵義。還有一個大願、大悲、大智、法身，總名為藏，藏者是含藏義。佛足下所放的光明是常時間的，沒有間歇的，照耀著十方法界，所有善根的眾生而能成就大菩提心，大願、大悲、大智，饒益眾生藏。含藏著眾生無量無邊，而這些大菩薩，所有的悲、願、智，當然也包括饒益眾生的一切方法、善巧方便。佛放完光，光還入佛的足下，這就表示從十信到十地，光裡有因有果。每一位初始信入叫因，成就這個位叫果，果之後進入了第二位又是因，因完了又成果，因因果果，一直到究竟成就。

但是佛所放的足下之光，有時候從足指放光，入了十住位以後的菩薩，就被足指放光所收攝。入聖門之始，住位才開始入了聖門，十信還沒有，得到十住位，因為這算是生了佛的大智之家，相似進入。佛一放光，表示佛所放光的處不同，就表示進位不同。十信、十行位的菩薩，佛的足趺上放光，就是佛的腳面上放光，十迴向的菩薩在膝上放光。到十地位恢復了，佛在眉間上放光。放光的處所不同，表示菩薩的進位不同。如是循環往復，終而復始，從足放光乃至光回收，成就了。以果成因，佛是成就的，放光攝受是成就眾生的因，眾生因而修行，達到果體，因果圓滿。從開始放光，到光還復回歸，本末不移。這是從兩足所放光的一個果，以佛的果德，成就因地初發信心的菩薩，成就他們的信，一步一步成就他們的修行，到最後眉間放光，這就是在〈如來出現品〉，佛從眉間放光所出現的大菩薩，都是佛從足下放光攝受六位圓滿，加個信，就開始初信。佛曾六度放光，這是總明成就一切眾生，進入華嚴境界，十信、十住、十行、十迴向、十地、十一地。因果法門修行的次第，行相一終。

感到〈入法界品〉，又從眉間放光，〈入法界品〉從眉間放光就說明《華嚴經》的一部之經，菩薩五位進修，《華嚴經》是講圓融無礙的，但是沒有離開次第，從初信開始！因為菩薩是五位進修，如來出現證明這一法門，乃至最後入法界，前面無不從此法界流，後面入了法界，無不還歸此法界。從體而起的妙用，妙用還歸於本體。在〈入法界品〉這一品經，名過去、未來一切諸佛本末，一切法恆如是故。此華嚴法法常如是，道不可思議。一切衆生的本末就是一切法的本體。佛所放的光，不論從眉間放光，乃至足下放光。光所照的三千大千世界，十成百，百成千，千成萬，萬成億，十億不可議、不可說。

爲什麼不一時普照？一時頓說？爲什麼有這麼多漸次？如果你理解到這個漸次是一時的漸次，沒有今天、明天、後天，今年、明年、後年，不是這樣的漸次，它是一時之中的漸次，爲什麼這樣說？法界中沒有前後，沒有先成佛、後成佛，我們現在成佛跟毗盧遮那同時的，一時，只是你本具的佛性，跟所成就的佛性是一性。說的時候，行的時候有漸次，實際上達到圓滿了，初發心時即是正覺。一切時中的漸次，在法界當中沒有。所以有漸次，從他初信，乃至到究竟佛果，是增進他的道業，增進心之性體的歷程。性體的歷程是沒有歷程的，這是華嚴特殊的境界。

現在經常舉，一切處百億，說的很多，實際上一時頓演是這麼說的。所有來會的大衆們，每一位菩薩，他的眷屬都是百億，都用百億形容，表示他同集會、同來的大衆，自己的信、行，乃至最後到證得的究竟果位，是徧周的。前即是後，後即是前，沒有前後次第，成就的時候沒有前後次第，在行的時候有前後次第。無次第的次第，這個次第是沒次第的次第。說一切處，我們舉了十方，乃至前面念的很多，華藏世界，乃至世界成就，這都是佛世界。

在佛世界當中無窮無盡的諸佛，現在單舉十智如來，十智佛是從不動智佛開始，這明什麼呢？明你的信心，到你的成就，智慧果德圓滿的時候，周徧含融，這就是《華嚴經》的第三觀周徧含融觀，要這樣觀。一切處所說的文殊師利，不是這一處說完了又到那一處說，一切處的文殊師利同時說十信法。所有十信法是因，乃至文殊師利菩薩所說的妙德智慧是果。是從初信，達到文殊師利菩薩所成就的果，因果同時，因果不二。但是，總說的都是文殊師利菩薩所自有的，沒說其餘的法，非是他法。這個十色，以上十種顏色世界，有一個同的，有兩個金色世界，十色世界，乃至十智如來、十首菩薩，都是文殊師利菩薩自己的果、行、因、法、法性、大智，萬行徧周成信故，這是總說。以這個修行經歷五位，這五位就是五十位，還歸於文殊菩薩智德果徧。

這個意念很不容易理解，說了好半天，沒有說的，就是這個涵義。沒有說可又不斷地說，永遠這樣說，永遠這樣利益眾生。這叫什麼呢？初發心時跟究竟二無別。「發心畢竟二無別，如是二心先心難」，發心最難了。「自未得度先度他，是故我禮初發心」，聞著《華嚴經》就發心度眾生，自己還沒度，自未得度先度他，是故我禮初發心。「初發以爲天人師，超勝聲聞及緣覺」。清涼國師引證《涅槃經》的話說，明凡夫入信心非常之難，難到什麼處呢？沒有講《華嚴經》之前，我們先講〈大乘起信論〉，又講懸談，大概有十九座，專講這一個問題。什麼問題呢？不只相信自己是佛，一定要承認自心本具足的不動智，因爲一切眾生他不肯承認自己是不動智如來，如果肯承認，這就信了。

在《華嚴經》說，入信最難，入十信難！十信一成就，要到初發心住，那就漸次究竟至佛果。三乘中都如是說，從發心修十信心要經十千劫，十千就是一萬，一萬劫修一個信心！善財童子最初領兩千眾都是童子，他是在路上發的菩提心，發了菩提心就一直參參參，參到究竟佛果。在府城之東，文殊師利菩薩度六千比丘！六千比丘也如是，智慧猛利，一聞文殊說法，就了悟，發大菩提心，仁慈無量，要度一切眾生，專求大道，專求大道就是要成佛。都是一生發心從信位，發心入位的，如果不信自己的心就是原來不動智佛，你永劫漂流，永遠成不了佛，永遠入不了信位，還怎麼能利人濟物呢？怎麼能利益一切呢？如果不信自己的心原來就是不動智如來，不信就不能成也不能得度，也不能利益眾生。你這個心被束縛，不肯承認自已是不動智佛。這跟我們前面不肯承認自己是毗盧遮那，是一樣的。

這個偈頌讚歎如來的十種德，令一切初發意的菩薩，令他信心，信的深入，還能增加解，明了這是確確實實的。明他的信心能夠逐漸增廣，他的智光也就漸漸增了。我們是講智慧的光明，光明覺！光明覺就是能夠覺。光明增廣，光明越增，他的信心越增勝。隨著光所照的境界，心觀諸境，那就是心能轉境。在心能轉境的時候，心境無礙，心跟境一體。同時還要十方觀徧，能觀之心，沒有內外、沒有中間，十方都無礙。這信心就增勝了，這個時候心能得住，就入了十住的初心，叫發心住。這是相似的發菩提心，還不是眞正的。眞正的發菩提心得到初地菩薩，你又再發心，發菩提心。相似已經不容易，入了十住的初住，發心住。在文殊師利菩薩的讚頌當中，歎如來的十種德，歎如來十種德，令發心的菩薩，初發意的菩薩，信心逐漸增廣。以下是文殊師利菩薩於各個佛所。

爾時一切處。文殊師利菩薩。各於佛所。同時發聲。說此頌言。

以下說一切處的文殊師利菩薩同說一個偈。一切偈就是一切，一切即一。二呢？單是一個屋，單是一菩薩，單是一個文殊師利菩薩，十節說偈，前面是一切即一，這個是一即一切。各個佛所說偈，就各個佛所說，一還唯是一。但是各處的菩薩，文殊的各個偈頌不同。不同的是一切中的一切。這就是約文殊師利菩薩所說的偈，約文字說。若約義理說，文殊菩薩是從東方來的。從東方來的一處，就是一切處的東方。然後說文殊菩薩到一個法會，菩提場，說一法會就是一切法會，雖然從東邊來的，偏一切處。爲什麼這樣解釋呢？因爲一處就是法界的本體，從法界本體而起的妙用，一切處都有文殊菩薩在那裡說偈。這是約文、約義。約法來說，文殊菩薩就是不動智的妙用。一對境，妙智現前，乃至眼耳鼻舌身意六根，身口意三業，全是文殊實相的體周，這是文殊菩薩體周徧故。萬象無非般若，處處都是般若。處處即是般若，處處即是文殊，沒有一處不是文殊。

以下又作另一種解釋。約境，佛的足光所照之處，就是一切境界。光所照的不是顯事，而是顯理，理來照事。就是說光照的，在事上說有好大一個範圍，是以理來說的。一境就是一切境，光所照處。光是理法，所照的境界相，一切境界相都攝歸到理法當中。光是顯觀的意思，觀就令一切所見光的大衆，但是這能見光的大衆都是大菩薩，不要生差別的知見。觀這個光不要生異見，不要執著。在境上，轉事都成理，不生執取。觀使理更能成就。理是體，觀是照，照是用，用能顯體，以用來顯本體，這樣說你在發菩提心，知道菩提不是情感，用智慧、用情感是不行的。

以下是文殊菩薩所說的偈頌。

若有見正覺　解脫離諸漏

不著一切世　彼非證道眼

菩提的體德是超過一切，不是漏也不是無漏，非漏也非無漏。說漏不可以，漏入三界的意思，說有漏、說無漏都不可以，說執著、說不執著也不可以，這叫離二邊。佛的境界是內離一切漏，外又不著世間。是這樣子嗎？涵義不是這樣。有漏可離？有世間相可著？若有取捨，有取有捨是違理的。這不是道眼，證道眼是無分別。爲什麼經上盡說光照？照是沒有作意，無能所、無對待的意思。「若有見正覺，解脫離諸漏」，正覺沒有解脫，沒有諸漏。只有這個話，解釋這個偈子。「不著一切世」，一切世間都不起執著，還有一個能著？有一個所著？沒有了。沒有說個著不著，證道眼不會這樣說，證得的人不會這樣說。

若有知如來　體相無所有
修習得明了　此人疾作佛

有智慧者知道如來，知道如來什麼呢？如來體相無所有，「體相無所有」是一切不著。以下九種偈頌，各有各的涵義，實際上都是一個。觀佛有求嗎？觀佛有生嗎？了知一切法無有如是見，顯佛的菩提性，本來自空的，體性本無，體性皆空。體是解釋眞性，相是德相。眞性是無所有，沒有離也沒有不離，本來沒有什麼著，還有什麼離著呢？因爲有著才說無著，沒有著，就說不上了。要能這樣理解的，這叫眞正的理解。假修習，假明了，我們叫正行。

在文殊菩薩所教導的，入文殊菩薩門，這是智者。智者情盡，情盡了理就顯現。情盡理現就叫作佛，這叫入普賢門。十信滿了，信終圓滿了，這是約行布說的，《華嚴經》專講行布、圓融。行布是沒有見理的，成佛的希望很微渺。圓收的意思，行布的時候就含著圓融，圓融裡就含著行布。善財五十三參的時候，從信入位之後，一初住，圓融了，圓融當中有行布，還得一步一步走，這就是行所證得。這是證，沒有得到什麼。證即無證，得也無所得。這樣修行，成佛就很快了，「此人疾作佛」。有智慧者能知道如來，什麼是如來？一切體性無所有，跟著這個去修行，得了智慧，很快就成佛，這個偈頌是這麼一個涵義。

能見此世界　其心不搖動
於佛身亦然　當成勝智者

能夠見這個世界，心裡不動搖，不搖動就是不搖擺。眞正正等的觀看，觀照一切法的時候，觀照什麼？觀照佛的菩提性。前面講華藏世界，先講世界成就，最初講佛身，講如來出現，先是正報，正報之後講依報。講那麼多，好像依報跟正報是兩個，不動智如來跟金色世界是兩個，若是把正報跟依報分開，錯誤的！光所照的地方，不要產生知見。光照、離見，就是離你起心動念，令離你的妄動，知道一眞法界的法界不應動，所以叫不動如來。前面講八相一相也，平等平等，是因爲不動智而了知的。不動智的了知，成就最殊勝的智，「能見此世界，其心不搖動，於佛身亦然，當成勝智者」，是最殊勝的。

因爲我們現在心裡是動搖的，對境動搖，對什麼事情都動搖，不能達到不動。但是信，信這個理如是，我們的行、觀還做不到，做到了，就跟佛無二無別！做不到，但是也要信，雖然自己做不到，信到這個道理是如是的。我們一對境生心，心裡動念有愛憎，有毀譽，有成壞，生死的觀念很重，用通俗一點說是看不破，放不下，不知道因果。聽到災害，聽到不如意境，心裡動念，閃一念就過去了，那就有功夫。動了念而許久不能磨滅，不能把這個念頭消，一直懷念！或者你的道友，你的六親眷屬，或者你最要好的，突然間離開這個世間，死亡了，你心裡頭很眷念，懷念很久。聽說哪個災害，學佛了之後，鍛練的有一點慈悲心。哪兒一發生了，心裡繫念，其心動搖了，隨著境界轉，「其心不動搖」，心不隨境轉，心能轉境。《楞嚴經》教導我們「心能轉境即同如來」，就是心不動搖，心被境轉就是衆生。

若於佛及法　其心了平等
二念不現前　當踐難思位

這個對佛和法，是平等觀，佛即是法，法即是佛，同體不生二念。二念不生是不是還有一念？一念也沒有，一念不生！而心生則種種法生，前面說了，一念不生，種種法沒有。《金剛經》教授我們般若義，須菩提請問佛：「云何住心？云何降伏其心？」這就是降伏的地方。見依報這個世界，其心不動搖，見正報、見佛、見佛身，其心也不動搖，這是最有殊勝的智慧。之後見佛跟法，法是佛說的，這個法是指法性本體說的。本體就含著一切法，一切法一法也不立，一法也沒有，佛跟法平等平等。這叫什麼？「心佛與眾生，是三無差別」。佛法跟自己的心，你的心平等平等，沒有第二念，一念也不生，不起念頭，就是這個涵義。我們參禪的時候，沒有起念，那叫什麼呢？離言眞如，達到實相義。

若見佛及身　平等而安住
無住無所入　當成難遇者

把佛跟眾生平等觀，「若見佛及身」，身是指著眾生說的。在梵本《華嚴經》原話是說，佛及我故，我即行人之身。「若見佛及身」，「身」就是指著眾生說的，若見佛或者我說，即著我自身說的，平等平等，「安住」。就是講這個理法界，理法界是普徧的平等住，平等的意思就是沒個能也沒有個所，一個能住的，還有個所住的。所住的就是處所，無能所、無住，《金剛經》上須菩提問佛：「云何住心？

云何降伏？」這個就含著降伏跟住，無住。因爲我也是法性，我的法性身還沒能證入法性，離開法性沒有能所，沒有個能證入的，所以叫光明覺。光明就是智慧，覺了就是明白。所以沒有個證入，諸法之性是無性的，說性是表示說詞的意思，法性是無性的。性本無性云何入呢？沒有個入可說，若能這樣知，這樣理解，那就成就了。平等平等，無能所，沒對待。

色受無有數　想行識亦然
若能如是知　當作大牟尼
世及出世見　一切皆迢越
而能善知法　當成大光耀

色、受、想、行、識五蘊，五蘊是沒有數的，不是說五蘊就五個，不是這個涵義。平等就是相無差別。說五非五，同於無爲，超出世間寂靜，寂靜就是究竟佛果。如如不動，來即無來，顯如來的意思，有寂靜的果德。對於有世間及出世間這種看法，世出世間見，把這種見超越，超越這種見就成善知法，就成了最大的智慧，就是光明。「善知法」就是覺，覺了就能大光明，「成大光耀」。

若於一切智　發生迴向心
見心無所生　當獲大名稱

但是，不要有趣求，我們迴向的時候，迴自向他，有個自有個他。迴事向理，有理有事。迴無向有，沒有得到的，想迴向得到。這樣不能觀法性。要觀性，發生迴向心的心，那個發生迴向心，在一切智，想迴向心成就一切智，離開見而能照，這才叫智，離開見而能照，而不滯於空，滯於空是不對的。觀，見心無所生是觀性體，對前面離見而知，離開見而能知，觀性離。觀性離了解迴向心，它自不生，這叫離相而迴向，離相而求佛，這樣才能得名隨果而發。隨果而發，發生求佛果，而這個求是錯誤的，無求無得無證。這是離相求佛，離開一切相求佛就對了，若執著一切相求佛，就不對了。

「若於一切智，發生迴向心。」迴向心的這個心，見這個心無所生，這樣子才能成就佛果。見是照的意思，照這個心無所生。稱這個性離心，離心念，離攀緣。知道這個心本來就不生，這種迴向叫離相迴向，離相求佛。說通俗一點，就是我們什麼都不執著，不但佛如是，一切衆生也如是。

眾生無有生　亦復無有壞

若得如是智　當成無上道

這就是看一切衆生都能稱眞，無生故無壞，有生必有壞，把這兩個合起來，無有生壞的念頭，沒有生壞的觀照。生是生起，壞是壞滅，沒有生起也沒有壞滅。這樣來認識衆生，這樣你對無上的道，就能進入了，那就是什麼？離開一切衆生，遠離一切衆生的想法。

一中解無量　無量中解一
了彼互生起　當成無所畏

在菩提場這一法會，周徧含容，無障無礙。有時舉一，有時舉多，這叫一多相容不同門。《華嚴經》講十玄門，這叫一多相容不同。一跟多是不同的，這地方講，一即是多，多即是一。我們前面講，多是緣起，對著緣起法說性空，性空就是一。性空連一也立不上，一也沒有，對著多說的，一多相容不同。解釋一切諸法，一和多是互相交起的，是相對的法，說一才說多，說多才說一，一也不存在，多也不存在。一的體是空的，多的體也是空的，相容是在空理上相容的。

因此，了彼互生起，彼此之間就是一和多，就是彼和此，互相生起的。因爲性空而說緣起，緣起而說性空。一中能夠解釋無量，坐微塵裡轉大法輪，說無量的法，一微塵還是一微塵。於無量的法中只說一，這一也不存在。一是對無量說的，沒有無量，一也說不上。因爲有一才說無量，有無量才解釋一，一跟無量是互相生起的，沒有實性的，了知諸法無實性。把一多互相生起的意思懂得了，「坐微塵裡轉大法輪、於一毛端現寶王剎」的涵義，就能明白了，這才知道「一切即一、一即一切」。

爾時光明過此世界。徧照東方。十佛國土。南西北方。四維上下。亦復如是。彼一一世界中。皆有百億閻浮提。乃至百億色究竟天。其中所有。悉皆明現。如此處見佛世尊。坐蓮華藏師子之座。十佛剎微塵數，菩薩所共圍繞。彼一一世界中。各有百億閻浮提。百億如來。亦如是坐。悉以佛神力故。十方各有一大菩薩。一一各與十佛剎。微塵數諸菩薩俱。來詣佛所。其大菩薩。謂文殊師利等。所從來國。謂金色世界等。本所事佛。謂不動智如來等。

百億四王天、百億兜率天，乃至所有的天，中間都略了，就是色究竟天。

處所依報有百億閻浮提，法主是如來，有百億如來。每一如來，都有十佛剎微塵數菩薩聚。從十方世界每一個世界，每一個世界又有每一個百億世界的百億如來，就是佛主。

每一個佛主有十方一切諸大菩薩。每一菩薩又有十佛剎微塵數眷屬，就是從每一個世界，有一位大菩薩帶著十佛剎微塵數世界的諸菩薩，來到釋迦牟尼佛成道的菩提道場，來到華嚴法會的道場。都有哪些大菩薩來的呢？謂文殊師利菩薩等，十首菩薩前面詳細說了，不再一一列舉。國土叫什麼名字呢？叫金色世界，他那個世界叫金色世界。他所承事的如來，叫不動智如來。十佛國土，有十佛，每一佛都有十佛剎百億閻浮提那麼多眷屬圍繞，就是大菩薩。每一菩薩來到閻浮提，先說文殊師利，他又有十佛剎微塵數的眷屬，跟他一同來。

爾時一切處。文殊師利菩薩。各於佛所。同時發聲。說此頌言。

眾生無智慧　愛刺所傷毒
為彼求菩提　諸佛法如是

以下一共有十個偈頌。這十個偈頌都是講菩提因和菩提果。衆生沒有智慧，爲什麼呢？爲愛染所纏。愛刺就是愛染的毒，傷害了。一切大菩薩是爲了利益衆生故，才求菩提、求佛果。一切諸佛法都如是，這是菩提果的用，證菩提果是爲了度衆生，爲了度衆生而發菩提心。看見衆生苦，沒有智慧，被愛染三毒傷害了。爲他們才求菩提果，一切諸佛教法都如是，諸佛的法都如是。一切衆生是因爲起惑造業，惑就是無明，無明又生愛染，愛染又執著他的業，所以才生死流轉，無窮無盡。在輪迴當中受了很大的傷害，中毒了，還不傷害嗎？但是他還不知道，衆生還不覺，中了毒害，還不覺得中了毒，還在毒害當中求，越染越深。由癡生愛，因爲大菩薩發菩提心，悲憫衆生，得用大菩提藥來治衆生一切毒病。怎麼樣把衆生的毒給拔了，非大菩提莫能拔。因此要是不發大菩提心，沒有大悲大智，不能生起利衆生的心。生起利衆生的心，要有一個覺悟的法，佛法就是覺悟的方法，就是光明覺悟方法。因爲光明覺悟的方法，就得發心求成佛成道。離開佛法不能斷衆生的愛欲，衆生被愛欲所淹沒，沒有佛法不能除他的傷，不能療他的毒。

這裡舉幾個例子，觀這個愛毒有九種。有債有餘，欠債了，欠的債還沒有還清，這叫有餘，這是聲聞緣覺的餘習。聲聞緣覺的餘習，無明還沒有除，這叫餘習。羅刹女，羅刹的婦女，生子便食，生了小孩自己就吃了，因爲愛才把她兒子吃了，把兒子吃完了，又把她丈夫也吃了。羅刹的婦女傷害一切衆生，所以她墮入三惡道，三惡道就是地獄、餓鬼、畜生。這是第二種。妙蓮華的莖下有毒蛇，毒蛇形容什麼呢？五欲境界。有愛的毒蛇令他命終，他想取妙蓮華，不曉得妙蓮華底下有毒蛇，毒蛇就把他傷害了，中了毒就死了。如惡食，他自己不希望得到又離不開，強讓他吃，吃下去就生了病，這個病是什麼呢？就是三惡道。又如淫女，因爲愛故而憍，把善法奪了，故被驅逐，墮三惡道。如摩樓迦子，纏繞衆生，善法令死。

這個故事是引證說摩樓迦子，他纏繞眾生，纏繞一切凡夫，善法消失了，善法死亡，惡法生。如瘡中的息肉，人久患瘡，瘡裡生一種息肉，你要治療，先把息肉除掉，要生起一種捨心。若不生捨心，息肉還會增長，蟲蛀又復生，以是因緣就命終了，這是凡夫愚人。形容五蘊法也是這樣的，愛在其中，這個愛就是息肉，五蘊法的息肉。應當勤心，把愛治除，把息肉割掉，你應當勤修而不懈，治愛之息肉。若不治者，命終之後即墮三塗。前面講把瘡的毒刺取掉，以菩薩大悲心才能救度眾生，才能除這個息肉。

如暴風能把山移了，能把根深葉茂的大樹給拔掉。現在惡風就產生了，從臺灣到溫州，詳細傷及的人數，還不知道。我們形容它就像暴風，能移山塡海。愛能拔你的菩提根，菩提種子。因愛而能夠不發菩提心，因爲愛而不能入道。我們雖然出了家，在形相上好像斷了愛，在意念上是不是斷？那根子沒有拔除，還要生禍害的。還有我們經常看見空中的彗星，愛就像那個東西，能斷一切善根。凡夫孤陋、窮困、饑饉，他的道心生不起來。這一個偈頌舉的例子很多，因爲癡愛的關係，「眾生無智慧，愛刺所傷毒」，毒所傷的就是愛的刺。爲彼求菩提，諸佛法如是，爲令一切眾生，發大菩提心，行菩薩道，爲了救度眾生才求菩提，才發菩提心。一切諸佛教導的法都如是。

普見於諸法　二邊皆捨離
道成永不退　轉此無等輪

菩提果的用就是悲智雙運，雙運運到成就了，圓滿了，這時候智慧所照，把大悲普徧的轉授給一切衆生。「普見於諸法，二邊皆捨離」，一個是悲，一個是智。智能見諸法，悲能轉衆生的苦難。智是普見的，通性，通相，性邊，相邊。在眞實，沒有性也沒有相，眞故無有，眞故這個無有，就是不去執念、執著，「二邊皆捨離」，沒有二邊，無故，離二邊了。俗諦呢？原來就不知道，有、無，他不知道眞沒有，所以無而有、有非有，所以，有非有就俗故無無，這是解釋無無。

第一個無是沒有，俗諦雖然是有，這個有是假的，沒有。雖無而生有，這個有，非有，所以俗故。無無，兩個無，就是雖有而無，就是無無。眞故沒有，俗諦雖然有，有是無，就是無無。這樣子，不爲有所累，我們是被有所累。證得了，無，二乘人證得空理，證得無，不要執著無，不要滯於無，不滯於無，斷滅一切二邊的知見。像水，因爲冷凍而變成冰，冰消了，還歸於水，對冰對水兩個，冰還是水，是假的。水本來無自性，冰和水是同等的，這是形容二邊的意思。二邊的俱，二邊的不俱，因什麼有的，因什麼無的。既不執著有，也不滯於無。就是不執著有可不要墮於斷滅，就是這個涵義。這些比喻是形容有和無。不執於有，就落於無；也不滯於無，無是斷，有是常，不執於二邊。不存在於有，也不存在於無，那個無是對著有來顯的無，有非有，不是眞有。這種道理是說，你見一切諸法，把有、無兩邊都捨掉，或者大、小兩邊都捨掉，或人、我都捨掉，我見沒有了，法見也不要執著。一切法也是幻化的，這樣才能成道，成了道才能成就究竟道，這叫「無等輪」。離二邊顯中道，華嚴義，中道是圓滿的，離二邊，即二邊。能夠成了道，有也可，無也可。

不可思議劫　精進修諸行
為度諸眾生　此是大仙力

這是文殊師利菩薩說的偈頌，佛在因地當中經過不可思議的那麼長時間，精進不懈地修行，目的是爲度衆生。因爲修行，智慧產生力用。「大仙」是指著佛說的，說佛在因地當中，經過的時間是非常長的，因爲根據他的願力，要想讓一切衆生離苦得樂，在修的過程當中經歷無量的苦難。

導師降眾魔　勇健無能勝
光中演妙義　慈悲故如是

修行有障礙的，儘管精進修行，但是有魔的干擾。「導師」是指佛說的，佛在往昔精進修行的時候，遇著很多的魔難，要精進勇猛衝破這些魔難，降伏這些魔難才得成就，這一偈半是說沒有成佛之前。「光中演妙義，慈悲故如是」，這就是成佛之後，用這種光是說法的音聲，「光中演妙義」。在〈如來現相品〉，光說諸法，答覆諸大菩薩所問的。這是由於過去的無量劫修行慈悲，慈力就是講佛的慈悲給一切衆生說的方便善法，善巧方便。「降衆魔」，佛遇著魔，我們是遇不到的，等你要成佛時你才遇得到。我們日常所遇著的煩惱、障礙，在修行當中的困擾，你就知道魔不好降的。這還是說的外魔，你內心的魔，每人都具足，現在都具足煩惱。有時煩惱是沒辦法的，沒辦法是因爲你的修行不夠，這是一種。

另一種，你根本沒聽佛的話，佛叫你作的，你沒去作，這就是魔，魔有深有淺。佛當初在將成佛的時候，《大乘方便經》說，魔王波旬率魔兵有三十六由旬，把菩提樹周圍都圍繞著，給佛作障礙，不讓他成佛，因爲他一成佛了之後，會把魔子魔孫都度了，魔王波旬就給他作障礙。佛以慈悲智慧降伏魔。其他的大乘經裡是這樣說，《阿含經》則沒有這樣解說，在一般的教義裡頭也沒有這樣說。

清涼國師引證大乘教義是這樣說的。佛當時就以慈悲力，用手指大地，八萬四千天龍八部，都是發了大菩提心。這個故事是導師降魔的時候，是以佛的三昧力，佛當時是現白毫光中的功德一分，慈悲降魔。當時魔王波旬來的時候也召集他的八部，曠野鬼神，十八地獄的閻羅王神，阿鼻地獄的那些鬼神，全到佛所，示現無量恐怖，逼迫菩薩，這時還沒有成佛，從兜率天剛降下來，示現八相成道的時候。

那時魔王波旬以他的魔力讓這些魔鬼們圍繞著佛，令佛生恐怖。佛在白毫相光之中，流出來大慈悲示現一切水。魔王現了很多的火來燒佛，佛從白毫相光流出來水來滅這個火，火滅了。這是形容一切魔鬼所現的魔火，魔障、煩惱都要發火的。在佛他坐那個菩提座，生出大蓮華，大蓮華菩薩坐在蓮華當中，入了慈心三昧。這些眾生佛的慈心三昧之光，白毫中的光攝受所有的魔眾，令罪人的苦難消失，都稱著「南無佛」，就是皈依佛，一稱佛號解脫了，佛以白毫相光來度這些魔子。

另外，魔王還率了很多的魔女，佛令她們見著自身三十六相，見她的自身毛、爪、齒、眵、淚、涎、唾、屎、尿，一切不淨，這是外相十二物。每個人觀我們的身都是沒有清淨的，佛以光照她們。在我們的身上，身體的皮膚、血、肉、筋、脈、骨、髓、肪、膏、腦、膜，這又是十二相。內藏所含著的肝、膽、腸、胃、脾、腎、生藏、熟藏、赤痰、白痰，這叫三十六物。經上講我們九孔常流不淨！兩個鼻孔，兩個耳朵有耳識，兩個眼睛有眼識；嘴，每個人要是不刷牙、不漱口的話，那味道非常難聞，像一個吃葷的人，他出的氣息，我們在跟前都受不了。受不了是感覺很髒的意思。三十六物就如是觀。

為什麼清涼國師在這地方還引證這個呢？這是在〈華嚴疏鈔〉的演義鈔中引這個。像我們自己不是魔，天魔為什麼不擾亂我們？我們還在他的範疇之內。我們稱的是佛子，但內心所含藏的，跟魔王是相合的，還達不到他來擾亂你。你觀觀這個身體，有什麼可留戀的？一般學《華嚴經》的，都略去不講，爲什麼清涼國師引證這些？我的感受是萬丈高樓從地起，觀想是很圓滿，但是在行的時候，在作的時候一定要方。大就是講體，方是講相，在相用的方面，大方廣是自體相用。我們作一切事物的時候，心裡想的時候是圓滿的，但是你作的時候得一步一步的。

比如說想到太原，你得坐車，坐車是一里一里的開，不是一下子就能到達的，我們坐飛機，飛機也不能越過，沒有超越的，只不過是快速的不同，發動機力量強。但是也不能越過，有一定線路的，有一定行道的，我們修行也有一定方法。如果最初開始修華嚴觀，華嚴觀是建立在這個基礎上。我們講無生無滅，無苦無集，這是就諦上講的，就事上講，事法界，你得一樣一樣說。心的理解要圓，等你作的時候要方。

舉個例子說，我們念阿彌陀佛，念一句阿彌陀佛就生到極樂世界，你怎麼念？口念阿彌陀、心想貪瞋癡，能生到極樂世界？不可能。念阿彌陀佛得把貪瞋癡斷了。說這些三十六物，先對身體生起厭離心，若是對你的身體生貪愛心，就算念阿彌陀佛也是生不到的。對不對？大家思考。當你念阿彌陀佛的時候，不是口念，而是心念。心念是觀想，觀想極樂世界，那先觀想你這個娑婆世界的肉體，放下沒有？看破沒有？如果你修這樣觀，認爲這個肉體是髒的，你生起厭離心，對肉體所處的環境，這個娑婆世界就是南贍部洲，所處的國土、所處的現實，你不貪愛，厭離了，這樣子念，阿彌陀佛才能來接你。如果貪愛心很重，去不了。不管誰說，多殊勝，說念阿彌陀佛就生極樂世界，他是騙你的，不要相信，如果娑婆世界放不下，想生極樂世界怎麼去的了？

說簡單的事，你在普壽寺的事還沒辦好，你想上太原去得先安排安排，才能去的了。如果此界放不下，極樂世界生不了。大家是學戒律的，這段是觀身不淨、觀受是苦，這個觀想的久了，從小到大，大心發起來，不僅自己如是，看一切眾生都在苦難當中，把不淨當成清淨，大心是這樣發的。圓的意思是建立在小、建立在始、建立在終、建立在頓，最後才說圓。學華嚴是圓的，學華嚴還講這些，文殊師利菩薩教導我們先認識，不然怎麼降魔，這都叫魔。每一天看著是殊勝的事，生煩惱不？如果一念煩惱都沒有，全增上生歡喜心，我有點不相信，若這裡頭有菩薩，菩薩如是可以。凡夫不行。我們是凡夫，不是聖人。你這樣講《華嚴經》，我就是這樣講，誰批評我，我也這樣講，從小才能到大，從弱才能到強，剛下生三兩歲，你就來坐這裡聽《華嚴經》，門都沒有、不可能的事，這叫超越，我們有這超越的本事嗎？現在我們是肉體，我看我們這裡有菩薩，我不敢說，沒有辦法。不守常住規矩行嗎？打板了讓你聽課，你不去聽，同學就批評你了。他自己也如是，他自己也有點不願意，他不但不說，如果你要不願意他可要批評你，這叫眾生心，不是菩薩心，懂得吧？

我讓大家觀，如果生個瘡，痛不痛？瘡流的膿嫌它髒不？這叫人情。這個道理，你現在是人，還超不脫。人得做人事，自己是聖人，那就另外說了。如果眞正坦白，不騙人的話，疲勞就是疲勞，累就是累，苦就是苦。老師問你：「累不累？」「不累。」任誰都會這樣說，可是心裡不願意不敢說，這叫不坦白。一切人都如是，因爲我們現在是人，現在我們是想向精進方面走，如果是有道心的人，這樣精進，降伏煩惱，破除障礙，說眞心話，這叫精進。但是現在，我們受肉體的限制，還沒有脫離，我們不但不能像佛這樣破天魔、破波旬魔，連一點生老病死的苦都降伏不了。

我們講的境界、過程是說佛，不是說我們。我們沒有這個本事，因爲佛修好多劫了，他也是從修不淨觀、無常觀、無我觀，一步一步來的，沒有跳過去的。你只看佛從兜率天下降到人間示現八相成道，只看這一段。他怎麼住到兜率內院的？那是經無量劫的！只說這一段，這個不夠圓滿，圓滿得從他發菩提心的時候來說起，就像我們現在發了菩提心，就是菩薩。菩薩的涵義是只想到衆生，沒有想到自己。衆生苦就是自己苦，衆生樂就是我的樂，這叫菩薩，這個道理，我看每位道友都能懂。懂是一回事，若是做起來，那又是一回事。這個說的是佛成道時候的事。佛未成道之前修行，當初發心跟我們也是一樣的，等到這個時候，那能降魔了。比如說我們從發心、落髮出家得經過好多的障礙吧？也有好多災難，有些人很好，那是他過去積累的障礙少，有些同學的障礙很多。在這個過程當中，遇著這些障礙，你能夠克服。你認識它，就不被它所害。你不認識它，做不了主，理解都不理解，隨著它轉。

以彼智慧心　破諸煩惱障
一念見一切　此是佛神力

上面所說的這個問題是障礙，這個障礙非常之大，但是佛用他的智慧心，智能斷，斷什麼呢？斷魔障。用白毫相光一照，魔都變了。苦惱的境界，變成愉快、變成歡樂，我們有沒有？我們也有，但是得小一點的問題，我們也能做得到，小障礙。因爲自己心裡想佛的思想殊勝，把煩惱心降伏住。這個能降伏的就是你的智慧。特別是我們出家二衆，要是在家的兩衆就是優婆塞、優婆夷，當你到這兒來學佛的時候，想把別的放下，都有點障礙。例如朝山的道友向我表達：「老法師，我很願意在這聽聽經。」我說：「願意你就在這聽吧，沒誰給你作障礙。」他說：「不行，我家裡還有事！」那就是自己給自己作障礙，因緣不具足，智慧心還沒有那麼大，還不能破除你事相上的障礙，儘管你心裡嚮往，可是業障發現，就出魔障，這叫魔障。

當然是我們還沒有遇到釋迦牟尼佛成道時的魔障，那個魔障我們遇到還受得了？我們連那個業障也不會發現。每位都如是，當你修行功力進到一定程度，就有很多障礙，一個障你理解力，障你智慧的知；還一個障你想做的事，辦不到。那必須得有智慧，智慧裡還得有力用。智慧產生力用，才能把煩惱障破除，你才能有智慧。當你發一念心想進入佛門，這一念心就是智慧，它有大有小。等你進入了，那智慧就漸漸增長，進入還有進入的障礙。只是說學佛，這個層次就太多了。

佛是以智慧心破除一切障礙，我們學佛也要有智慧心。比如說學戒，乃至於學《華嚴經》，這個學就是求知，不知道要知道，知道的知就是智慧。但是我們這是學得來的，不是證得來的。證得來的作用就大，學得來的智慧就小。這都是說佛的境界，文殊菩薩說佛的境界，讓我們對佛的境界生起信心。不要忘記，這是讓我們生起信心，說佛的境界怎麼破魔，怎麼來斷惡，怎麼來斷煩惱，怎麼來精進修道。這是讓我們生欣樂心，生信解力。

佛以智慧心把煩惱都斷了。我們學佛也要這樣來斷煩惱障。煩惱就是亂，心裡發亂發煩。惱就多了，或者恨或者悔，都包括在惱裡頭。無緣無故的，你在這想過去，一想惱，心裡就不安，煩惱起來了，過去事已經沒有了，放下！沒有那麼簡單，放不下，乃至於跟別人吵幾句嘴，小事放不下更不說大的。爲什麼？沒有智慧。如果在這個時間，煩惱你讀誦大乘，讀誦經典，之後，佛教我們怎麼樣一個方法，這就叫智慧。你沒有學，從佛學得來智慧。佛以神力能夠斷一切就產生作用了。一念之間，煩惱障一破除，這個智慧心的一念能夠照見一切，這裡包括很多，見思惑、煩惱惑、無明根本，一念間能夠看到一切理法界，事法界，理事無礙，周徧含容。

達到究竟境界，這是佛的神力。現在我們知道佛的神力是從修行得來的，我們就信佛的神力。佛神力怎麼得的？照佛所走過的路去走，那個路叫菩提路，那個道叫菩提道，如是走，你也能達到。

擊于正法鼓　覺悟十方剎
咸令向菩提　自在力能爾

佛教化眾生，吹大法螺擊大法鼓，讓十方一切剎土眾生都能覺悟。讓他生起信，覺悟之後，他信了發心，這叫菩提心，走的路叫菩提道。佛有這個力量能夠利益眾生，也得有緣，無緣的辦不到。現在我們當前世界災難這麼多，能夠求三寶加被，能夠求佛，知道有佛可求，有法可學，有僧能給我們植福田，就依這個知都很不容易。知道了而後能身體力行去做，這又是一回事，不是那麼容易。

這說佛在利益一切眾生的時候，讓一切眾生都覺悟，讓一切眾生都趣向菩提。過去說話，見異思遷！你到寺院裡來看見和尚、比丘尼，那麼舒服。一般人大概餓不飽，或者苦難逼迫或者欠人家債，人家討債逼的要死，這個苦是說不完的。他到了廟裡，看見佛像，心裡生歡喜心，看見僧眾，他看見僧眾都很清閒的，看見僧眾的表情，不像他都是愁眉苦惱的。看看每一個師父們或者哪個師父，雖然他有煩惱，現相上並沒有那麼嚴重，比社會上輕多了。他生起歡喜心、生起愛樂心，這也種下善根，那到廟裡來一次，最初本來是看風景的，後來不是看風景，他想進入了解一下子。從了解一點，再進入深入，漸漸入佛門，這叫得度。並不是進來就眞正的能夠清淨放下，我們諸位師父自己曉得，我們清淨沒有？放下沒有？這叫個人吃飯個人飽，自己要迴光返照一下子，了解一下自己。

同時拿佛來跟我們對比，在無邊境界相，無量剎億佛土，我們舉了好多。那是華藏世界的一部分，世界是怎麼成就的！佛就教導我們這些如夢幻泡影，不論好多都是如夢幻泡影的。因爲他不自在，只有佛在這些剎土裡才自在。我們所說的這些剎土、諸佛的境界，跟佛身邊的大菩薩，他們不會起執著的，也不在相上起分別的，不是壞了這些相才能達到般若智。不壞其相，普遊一切剎的時候，知道一切剎是虛幻的，他見到剎的性。虛幻是形容空的意思，空的意思不是都沒有，而是不著，這樣空的，無執無著，諸佛都如是，我們就學佛！現在我們對我們的環境隨緣，不去執著，好也是隨緣，壞也是隨緣。之所以有苦境，是因爲我們的執著。

遇到任何境界相，用智慧觀照，說的簡單一點，你要會想，不要鑽牛角尖。遇到不舒服的事物，跟你的心願不相合，不去執著，這是暫時的，一會就過去，乃至只是今生才有，再來生沒有，爲什麼？我來生再跟著佛學佛法，把法灌於心，把佛所說的法，灌給你的心，你的心跟佛所說的教法結合，再去做，它就消失了。常時這樣觀，就知道這些無邊的境界，不壞其相而遊於諸剎。爲什麼？沒有執著，自在無礙，像佛一樣的。當遇到什麼困難，你說應當像佛一樣的，不要去執著。能在那個時候想到佛，佛是什麼？覺，覺悟的覺。不要想佛的法相，要想佛法的教義。佛告訴我們，遇到一切境界，不論好壞，自己覺悟，好的也不執著，壞的也不執著。境界是空的，一切剎無著，一切都不執著。像佛那樣自在，這得靠你的想像力。想像力，依佛教的術語是觀，好境界也如是觀，惡境界也如是觀，好也不會存在的，惡也不會存在的，在體上是空的。能如是想，你經常這樣想，一回不成，一萬回不行，十萬回不行，千萬次這樣想，永遠這樣想，想久就成熟了。

我這樣的說法，大家可能不見得領受！我們都是先入爲主，最初聽到，我信！後來的都不信，因此就不容易進入。如果我們信外道，信仙信邪術，後來遇著正的，你也進不去，因爲你先有了，執著那個東西。爲什麼講無著呢？什麼都不執著，那你就有簡擇，簡擇得有智慧，沒智慧你分不清。特別在苦難的時候，你若能經常想佛法，那受用可大。第一個在苦中，你不認爲是苦，你隨順它受，受完就沒有了。爲什麼沒有？還完了，再一個你悟得了，空的。不是你一下子想空就空，這個空是在有上建立的，沒有怎麼想空，這個空另外又有有來，另外的有又來，不是一空都一切空，我們沒有到達成佛。在一切無著的時候，才能入到性空。所以佛的自在像在空中遊，他還不自在？他一切不執著了，他就自在了，有所著就不自在。

不壞無邊境　而遊諸億剎
於有無所著　彼自在如佛
諸佛如虛空　究竟常清淨
憶念生歡喜　彼諸願具足

這樣才能滿一切願，我們講一念，這一念怎麼生的？怎麼念的？就是這樣念的，你的法身就顯現。空是永恆的，空不是什麼都沒有，這是解脫而已。我想大家都願意長壽，多活幾年，誰也不願意有病，病是怎麼生起的？多分是煩惱。人家說不要愁不要憂，一愁一憂，本身就是煩惱，你的身體就不自在，好像與身體沒有關係。這個我可以作證的，怎麼作證？我三十三年在監獄裡頭，就是這樣想的，總有個明天吧！明天沒有了，死了，死了還有個下一輩子，總把精神寄託在好的上頭，千萬莫寄託在苦，若寄託到苦上，你活不出來。當你最煩惱的時候，你說不要緊明天我就好了，煩惱就沒有，這是笨法子。智慧法子是觀想煩惱從什麼地方起的？什麼是煩惱？這是觀。除了把佛的教化方法，運用到你自己的身裡。諸佛如虛空，究竟常清淨，你空不空？清淨不清淨？佛跟你有什麼關係？你把它回過來，佛就是覺，我明白了一切都是虛空的。

你常時想虛空，空中什麼東西都沒有，你執著什麼？這不是一回想、兩回想能成就的，就用這個想，想其他什麼都不想了，光想這個，漸漸地這個想法，想跟它結合了。就像我們想發財，或者想生命，或者你想求個什麼。不是常時想嗎？我們想求佛道，如果我們想求佛道這個想，念念不離，成就佛道了。你所念的是念什麼？諸佛如虛空，佛本來不是虛空，究竟常清淨。虛空是清淨的，諸佛就像虛空那樣似的，常清淨的。你常憶念佛，永遠生活在歡喜當中。常念財、色、名、食、睡，永遠生活在煩惱當中。因爲現在文殊菩薩教授我們的是光明覺，翻過來說，你要覺悟什麼？光明的，一切都是光明的；但是我們不覺，不覺是黑暗的，你總處在黑暗當中。所以你的煩惱、障礙，什麼都出現了，走路都看不清楚，黑暗嘛！前面是坑，你都不知道，還往前走，掉進去了。就是這樣一個涵義。你常憶念佛，生歡喜心，常憶念佛，佛總在你的頭頂上，佛在你心中。不但常時生歡喜心，你所要求的願都能滿足。這樣長了，你就解脫了，你念的是光明，憶念的是光明，你心裡會生歡喜心。

我們一聽到地獄很恐怖，佛不曉得經過好多次地獄，爲什麼？度眾生。

一一地獄中　經於無量劫
為度眾生故　而能忍是苦

所有的地獄，佛到那裡幹什麼？度眾生，爲度眾生故，而能忍是苦，我們憶念當中，佛成了佛，當然成佛到地獄去度眾生，那沒有問題。現在地藏菩薩到地獄去當然沒事。從他發願起就生於地獄當中，他忍受那個苦，爲了度衆生。在《華嚴經》上講，大菩薩在行菩薩道的時候，他沒有神通也沒有願力，在那個時候度衆生，就很難。像我們本身就是衆生，之後還要度衆生，自己不明白，之後還要讓人家明白，這苦是非常的苦，但他能忍受。他有什麼支持呢？菩提心。他相信自己本具有的佛性，就是靠這一個信念，支持他去行菩薩道。在行菩薩道過程中，永遠是光明照耀他。爲什麼？他是度衆生的，他沒有這個業報受苦，而是度衆生去受苦，他願意承當，這本身得有智慧。

不惜於身命　常護諸佛法
無我心調柔　能得如來道

這是護法心，自己的生命不在乎、不愛惜，不讓佛法受損害，護法心是這樣護法的。把生命看得極輕，把佛所教授的覺悟方法看得非常重。這是對自己身體不看重，把法看得很重。有法在，一切衆生得度，犧牲自己，爲了他人。如果再能修無我觀，用你的心觀察無有我，不要把我擺進去。我們衆生心，有點好事，總把自己擺進去。我曾經跟很多信佛的道友談，他看戲劇的時候，把自己擺進去了。本來是唱戲，他就漸漸當眞實的。學佛法也如是，佛法天天講空，我們天天講我，這是敵對的、相對的。無我就是空，空了絕對無有我，這是見，看問題的看法，知見的那個知。常常如是思惟，常常如是想，這是觀照的工夫。

當你念阿彌陀佛的時候，阿彌陀佛是無量光，你想到是光明，這個光明跟現在《華嚴經》講的光明是一個是兩個？光明還有沒有分別？如果你還有分別，這光明智慧，你沒有得到。如果你無分別了，光明是形容詞，因爲有光明，你能見一切事物，能分辨出來。沒有光明了，你見不到的。這樣來對照思惟！我們經常講，《華嚴經》是圓滿的，越是圓滿的，越不能欠缺一點，若欠缺一點可就不圓滿了。我們想的可不是圓滿，總是欠缺，總有個不足感，你的願望滿足不了，不圓滿。當你念阿彌陀佛，想到光明偏照，念念想光明偏照，不但決定生，你也創造一個極樂世界，不如是嗎？都如是。佛過去一一在地獄裡頭的時間，不是一天、兩天，而是無量劫，爲什麼？度衆生。

我們對佛恭敬、禮拜，希望達到成佛，希望佛給我們消災難。你有沒想去給衆生消災難呢？盡想諸佛菩薩來消你的災難。如果你天天想要消衆生的災難，那你的災難已經被諸佛消了。天天想諸佛來救我的災難，而自己一毛不拔，別人的災難跟自己沒有關係，你能得到嗎？道理很簡單的。大家都要爲我好，別人有事情我不管，能做得到嗎？道理很簡單，你自己不惜生命來護持諸佛的佛法，怎能做得到呢？先得建一個無我的心。有我，那就以我爲主。現在你以覺悟的方法爲主，佛法就是覺悟的方法，這個方法如果是在，一切衆生得度，自己也得度。自己照這個方法去做，完了又來給衆生作啓示、作導引，讓衆生也能做，這樣做一定能成佛。說是容易，做起來可難。

諸位道友是沒有經過事實的考驗！建國初期的時候，我還不到四十歲，看到別人燒經，想用生命保護經，自己死了也可以。但是沒有力量保護，就生起分別心，我有什麼能力保護得到？我的命不是白搭了，命也搭了，經也沒有護到，這就完蛋了，這是你沒辦法護法。你還想到護法？說是法上說，或者我們的解說，這個我們遇到因緣、法緣，還遇得到的。

眞正遇到事實考驗你，做不到了，就退墮到凡夫，凡夫就如是。「不惜於身命，常護諸佛法」，不是一句話，這裡頭含著無窮無盡的深義。我不說要你捨生命，遇到護持佛法的時候，損失一點財物都不可以，拔一毛利天下而不爲，我們肯嗎？做不到，我們還是凡夫。菩薩做得到，他逐漸成佛，這就是護法。我們講的都是信心，護法心是十信位當中的一心。諸位道友，我們都是四衆弟子，護持佛法不？護持！但我自己別受損失。自己受點損失了，護法心就沒有了，他是考慮利害關係，這不值得哪，一部經是假的，沒有關係，這就是驗心而知道自己的心。

自己修道到了什麼程度，問自己就知道，很清楚。現在還起煩惱，最大的問題是兩性關係，還有愛，這個不斷，還有瞋恨，還回憶過去。誰對我不起，我將來得報復他，這都在無明癡暗裡。什麼事以我爲主，合乎自己的利益，什麼壞事都做。

對衆生有好處，但對我沒有利益，再好的事我也不做，你怎麼能入道呢？不但不入道，也入道了，入了什麼道呢？三惡道。

有人批評我，老和尚講的這些不是華嚴義！這些是什麼？這些是華嚴最根本的教義。不然怎麼入華嚴？因地不眞，果招迂曲。從發心就不眞，還入華嚴？我們不要輕視小乘，小乘的六種神通，過去前三生、前十生，你都不知道，連宿命通都沒有。小乘斷了見思惑，你見什麼煩惱什麼！佛說法是對機的，鼓勵他們。單對大乘根機說大乘法，大乘法是他那個根機，他爲什麼有這個根機？他過去修的！爲什麼講善根呢？你的善沒有根，沒根就沒有了。那說明我們的惡也沒有根，要是惡根還有的話，你怎麼能出家？你怎麼能信佛？現在我們是惡根動搖了，善根生長了，只能達到這一步，再深入，那看自己發菩提心，大家再修吧。

現在僅舉個「不惜於身命，常護諸佛法」，佛才能成道的，才能得到無邊境界，才能自在。必須捨，捨才能得，不捨不能得。

爾時光明過十世界。徧照東方百世界。南西北方。四維上下。亦復如是。彼諸世界中。皆有百億閻浮提。乃至百億色究竟天。其中所有。悉皆明現。彼一一閻浮提中。悉見如來。坐蓮華藏師子之座。十佛剎微塵數菩薩。所共圍繞。悉以佛神力故。十方各有一大菩薩。一一各與十佛剎。微塵數諸菩薩俱。來詣佛所。其大菩薩。謂文殊師利等。所從來國。謂金色世界等。本所事佛。謂不動智如來等。爾時一切處文殊師利菩薩。各於佛所。同時發聲。說此頌言。

佛了法如幻　通達無障礙
心淨離眾著　調伏諸羣生

這一段經文跟前面是重覆的。文殊師利菩薩所教授我們的，應當知道所有一切佛所說的法。「如幻」的意思，大家都懂，但是懂是懂，做起來就不明白了。若能夠知道一切法如幻，對一切法就沒有障礙，但是得要心裡頭離執著，心淨，沒有執著，這個時候才能去度眾生，「調伏諸羣生」。又者，了知通達無障礙的佛法，之後去給眾生說，度眾生的意思。如果自己不了達即俗即眞，了俗就是眞諦，知道一切諸法本來虛幻不實的。虛幻不實怎麼來的呢？要了解這個，了解虛幻不實。因爲虛幻不實的對面就是眞實的，不實是對著眞所說的，俗是對著眞說的。你能知道諸法的相，達到相了才能知道性。了達一切諸法相，使一切相無礙，你必須得通達眞，不知眞也不知俗，把俗當成眞。

我們經常說，心淨故種種法淨，心不淨，一切法也就不淨。我們經常講大悲，爲什麼講大悲呢？因爲跟眾生同一體故，同體的原因才能生起大悲。給眾生說法，降伏衆生的煩惱，這個我們在文字上或者經過學習懂得了。等你作的時候，可就不懂得了。爲什麼？自己還沒有降伏，自己沒降伏怎麼去降伏別人？當煩惱現前，你觀照觀照吧！煩惱從什麼地方生起的？也就是說我們做什麼事找找原因，能找原因這個就是智慧。你要了解所知道的法，能夠通達的法，之後才知道這個法的性、法的相。法是什麼？一切事事物物，若由眞方面說，從心理方面說，從理上方面說，知道不是眞實的。佛如是教導我們，佛是如是證得的。你要能這樣的理解，心裡能夠承認、理解、認識，才不給你作障礙。

例如我們現在從北京開車到五臺山，六個小時就到了。但是路上堵車，你不知道，一塞車了你到不了了，不止六個小時。怎麼辦呢？走點轉路吧！如果你從北京開車，不走以前的舊路線，先從北京開到大同去，再從大同轉到五臺山來，還是六個小時。以這個作例子，如果你想修行，想了生死，了生死的方法很多，不是單一的，也不是單純像我們所說的固定一法，固定一法是非法。爲什麼？法無定法，法沒有決定的，佛說一切法都是圓融的，無障無礙的，但是你所走的路線怎麼能夠通達無障礙，佛所說的法都是無障礙。原來不是，眞實就無障礙，因爲你的心無障礙故。你的心有好多種執著，你能無障礙？你心裡什麼都在執著了，這都是方法的問題。

下雨，從你住的寢室到法堂來，下雨打濕了，假點方便吧，打把傘。打傘不方便，要是風大了，把傘一吹，你手裡拿把傘，風一吹了，把傘的上頭給你吹翻了，風太大，傘太輕，怎麼辦呢？穿上雨衣，連腦殼帶身都包上了。雨衣它吹不走，除非把人吹走了。這叫什麼？方法，若能了達一切法是變化的，相隨心轉，法由心變。你覺悟了，覺悟了就是光明義，不再迷惑，通達無障礙。心淨沒有執著，心淨國土淨，這樣才能調伏一切衆生。你要修觀的話，這四句偈子，文殊菩薩所教授我們的，是讓你了解到世間一切相都是眞的，怎麼你說是如幻，了法如幻，怎麼又都是眞的？俗就是眞的，眞徧一切處，你的心徧及一切處。如果不了解一切諸法如幻，那心就不徧了。眞不障礙俗，一切諸法的法相是依著性而起的，你了達性，相就不給你作障礙，這叫性相一如。

因此先轉心，我們念佛也好，參禪也好，學教理也好，都是轉化你這個妄心。讓心無所著，相依心轉，相依心淨，了解自己跟衆生是同體的，這個大悲心才能生得懇切，這樣才能調伏衆生。但是你必須得有光明，有智慧。因爲這品是「光明覺」，也就是「覺光明」，覺悟了，光明自然顯現，你不覺，不覺就是黑暗。告訴你能了的這個智慧，一切無障礙，沒有智慧一切都是障礙。所以古德教授我們，有智慧的，作一切事方便善巧，有慧方便是解脫的。沒有智慧，想什麼方法都是障礙的。「有慧方便解」，就是解脫，「無慧方便縛」，方法越想越多，束縛越多，胡思亂想越多，煩惱越多，有了智慧不叫胡思亂想。前兩句告訴你，了知一切相非相，佛了一切法如幻，這樣子才能通達無障礙。心淨，國土都淨，一切都淨，你的心淨了，調伏一切眾生，眾生都是淨的。爲什麼？你是從眾生的性上看，不是從眾生的相上看，在性上是平等的。

或有見初生　妙色如金山
住是最後身　永作人中月

這個偈頌說，佛從出生乃至到成道，乃至於度眾生，他的大悲、大願都是自在的。調伏眾生是普徧的，平等的，沒有差別的。有的見佛初降生，就得度了。有的是見佛入涅槃，得度了，這是所見的不同。但是這個得從觀照上起的，千萬莫在現相上去作分別。見也有不同，各種的見解不同，爲什麼？各人的覺悟不同。覺不同故，覺的所見就不同。我們見佛初降生的時候，八相成道最初相，佛一降生，就行了七步，而且地涌蓮華。

我有位道友，他的筆名叫火頭僧，曾經在香港雜誌寫篇文章，他說哪有小孩子生下來就會走路！他根據這個意見寫了篇文章，批評八相成道的最初相，以後這個雜誌不敢刊登他的文章。爲什麼？佛教徒看見了都反對。後來我們倆通過一封信，他也跟我談論這個問題。

以前在青島湛山寺，我們倆住一個房間，我們都是給預科當法師，經常在一塊辯論。這種看是肉眼看的，拿凡夫境界來揣度聖人的境界。是，沒一個小孩子像這樣的，也沒一個小孩子生下來是佛，有嗎？哪個人生下來是佛？有嗎？沒有，所見之不同。在異處見，在這個國土見，在那個國土見，當然是不同。你戴紅色的眼鏡，看到外頭都是紅的，戴藍色的眼鏡都是藍的，戴個綠色眼鏡都是綠的，不是你所戴的外相，而說你的內心。衆生的機不同，所在的處所不同，所處的環境不同，他看問題自然就不同。

我們這裡有好幾百人，有的人他不說眞實話，他明明心裡是這樣想的，他口裡不說，人人都說坦白，人人都隱瞞知見，怕說出來人家不高興，這都不是眞實的。如幻的事情就是機感，就是一切衆生，他的處所環境，那就產生他的知見，看問題就不同，學習不同，所見的就種種差別了。有些人在這個地方說的話，到那個地方說的話，見這個人說的話，見那個人說的話，彼此不同，這是有惑染的衆生。

佛菩薩不是這樣，佛菩薩說法，不是佛說法有八萬四千種？這也不同了？不同是因機的差別。各人的感受不同，所見的不同，像剛才提及的同學，他就把佛跟一切衆生一樣的看待。好多人生出來就不同，不止佛。善財童子生下來，他家庭的一切財寶庫房都滿了。須菩提生下來，他家裡所有庫房都空了，什麼都沒有，過一段時間又都顯現了。或者有福德的人，他有大福德，還沒有降生，就請了好多保姆，就準備他降生，那是富貴人家。而窮人家他去勞動，甚至要生時還在勞動，把小孩生到地裡，這叫隨機不同。

這是見的不同。很多的眾生感受不同，假使說，這有三四個人，同一件事各人有各人的看法。清涼國師舉五臺山，說有五個人，這就是多機了，五個人就是很多，在異處，五個人在異處就是南台、中台、北台、西台、東台，所見的不同。有一個人在南台就見著文殊師利菩薩；有一個人在西台見著師子；還有一個人在中台見到萬聖齊備，好多菩薩；一個在東台見著不是菩薩，是化佛；有一個人在北台又見著聖僧，各見不同。但是，是不是有這麼多差別呢？這是機感的異處，所見的不同。個人的感跟他的所應不同。這是眞的假的？你有什麼感就有什麼應。乃至於一個人，他在早晨朝黛螺頂，看見是菩薩。晚上他又去朝黛螺頂，看見是化佛。時候不同，所見不同。同一個時間，不是一人，而是很多人，同一個時間，個人所見的不同。對境生心的時候，眾生有種種見，種種不同，同是一個聖境，所見不同。

這個意思，清涼國師介紹很多，大致都是解釋那個偈子，佛見一切如夢如幻、如泡、如影，《金剛經》如是說。這是依著覺、依著光明，這是佛看問題，眾生看問題就不是這樣。文殊菩薩跟我們說這個是讓我們生起信心，這一品是光明、是覺悟，你覺悟了，處處都是光明。清涼山所對的眾生機不同，是消除眾生熱惱的。要是冬天下大雪，穿的很單薄，就很麻煩，那不是清涼對熱惱。這是形容清涼，是形容眾生的煩惱熱，不是對著世間相。我們現在所學的光明覺，覺了處處是光明，不覺了處處是黑暗。用功、修道的時候，你得會觀、會修，不要起些執著，也不要隨著人家說，你自己還有主見，還有主觀，依著自己的覺，依著自己的光明。老師說了，學生還有選擇的，除非佛這位老師說了，我們可以好好照著做，沒有什麼選擇的，因為他說的非常正確，沒有一點的錯謬，你只能照著做，因為你是凡情，不能測度聖境。

因為佛所說的法門特多，佛不在世了，我們就自己摸索。你說這個法師是善知識，那個法師是善知識，善知識太多了，你不曉得依著哪個善知識說的對。怎麼辦呢？取信於佛，佛說的是對的。佛說法是無說、無執、無著。我弘揚這一法，就說這一法好，這一法是佛說的，這一法就行了。別的法都不是佛說的？每個人都有每個人的智慧，每個人都有覺，每人都有智慧，覺就是智慧，智慧的大小深淺，但是你必須有這樣智慧去判斷，哪個適合你的，你用哪一個，不要隨人家的語言轉，我看這本書就照這本書做。看那本書就照那個做。那不適合你，自己選擇。

了知一切法如幻，是不錯，但是幻的時候能生出眞實。語言、文字、言說都是假的，但是不假言語、不假文字，你怎麼能進入呢？信心怎麼能生起來呢？你連信心都沒有，又怎麼去理解，怎麼去學呢？若不經過學、不經過做，又怎麼去做呢？沒有做、沒有行，又怎麼去證呢？你知道是苦，想斷，怎麼樣去斷？每位道友都知道煩惱是不對的，你也知道這煩惱是不對的，但是你沒辦法斷除，怎麼能制止你永遠不生起煩惱，那不就成了嗎？文殊菩薩教導我們的方法很多，到〈淨行品〉說你遇著什麼發什麼願。

或見經行時　具無量功德
念慧皆善巧　丈夫師子步

或有見經行的時候，具無量的功德，「念慧皆善巧，丈夫師子步」，這是說佛的，舉佛讓我們生起信心。「丈夫師子步」是指佛說的，佛的行動，怎能拿凡情來說？不可以。或者看經行的時候，就是佛的行步、行動的時候，他的思想、思惟，思惟就是念頭，念頭都是利益眾生的善巧方便，從見佛的行為，見佛的相，就說見佛的相好。

或見紺青目　觀察於十方
有時現戲笑　為順眾生欲

佛有時候在顧盼行步之間，都是給眾生作榜樣的。大菩薩也經常的現戲笑，讓你不要執著，不要在相上起執著。我們看菩薩頂帶劍文殊相，那是現的戲笑相。菩薩用那個來利益眾生，他是為了度李靖。因此不要在現相上起執著，這是隨順眾生欲，目的是讓他得度。

或見師子吼　殊勝無比身
示現最後生　所說無非實

或有見著佛在說法，作師子吼。或者示現無比的身雲，乃至最後涅槃。「示現最後生，所說無非實」，所有說的法都是眞實的。

或有見出家　解脫一切縛
修治諸佛行　常樂觀寂滅

或有見佛出家，出家表示解脫一切束縛。如果我們身出家、心還沒有出家，身心俱出家，身心俱不出家就是在家的。見著出家相，見比丘相，我們不去分別，不去起執著。佛在世現的比丘相，跟我們現在現的比丘、比丘尼相就是隨順世間，「佛法在世間，不離世間覺」，隨順世間！若說我們非得像印度那樣，一定要光腳，那把腳凍壞了，還怎麼修行？不要在一切法上執著。會學法的能夠照佛所說的教法，他那是給我們示範，叫我們去做的。如果在這上面去分別，這一輩子就在分別這個，怎麼得解脫？佛說法讓你一定永遠生歡喜心，沒有煩惱。能鍛煉到有這麼個功夫，那就很好了。一天愁眉苦臉，道怎麼成？一天你歡歡喜喜的，少好多病苦，少好多病惱。

佛所說的一切法是讓你不執著，讓你解脫，但是我們眾生的毛病特大，業障太重，處處執著，說東著東，說西著西。佛說東方，一定是東方，那不一定。你站到北方看，他就是南方，不是東方。意思是去除你的執著，讓你趣向解脫。我就是這樣子，自己去找煩惱，不是求解脫。以前學法的時候，學的非常執著，現在好一點點。我們學四教、學五教，排斥法相、排斥唯識，那不是佛說的？佛說法都好，什麼好？乃至說一句話，每一言都是阿伽陀藥，都是治眾生病，你沒有這個病，可以不吃，但是不要說這個藥不好。因此，你所看見的，乃至觀佛的相，乃至聽佛的師子吼說法，乃至見佛的身，乃至佛到涅槃，所有示現、所有言說都是眞實的。

什麼是眞實的呢？能夠令眾生離苦得樂，就好了。或有見出家相，出家能夠使你解脫。或者修行，佛所教導我們的，只要佛說的，教授我們所做的，我們都要去做。常時生歡喜心，常時歡樂，經常觀常樂我淨四德。在你行動當中，心裡寂靜下來，觀察利眾生的一切法之行動，靜即是動，動即是靜。修定是表示什麼？寂靜！要生智慧，靜才能生慧，定能生慧。戒是防範你，事物少一點，靜一靜，防範止惡就是靜。靜下來能生智慧，戒定慧是連貫的，這一段是文殊菩薩讚歎佛的入胎、降生、說法、成道、坐道場。

或見坐道場　覺知一切法

到功德彼岸　癡暗煩惱盡

或見佛坐道場能夠覺了一切諸法，讓一切眾生修福德，修智慧。在苦海此岸，到達功德彼岸，斷盡癡暗煩惱。能把癡暗煩惱斷了，這就是覺悟、光明。學這個法的時候，經常觀想覺悟、光明。覺悟就是光明。不覺悟了，就是黑暗。

或見勝丈夫　具足大悲心
轉於妙法輪　度無量眾生
或見師子吼　威光最殊特
超一切世間　神通力無等

前面有「或見師子吼，殊勝無比身，示現最後生，所說無非實。」這裡是「或見師子吼，威光最殊特，超一切世間，神通力無等」，佛在度眾生轉法輪，佛所示現的身是最殊特的，「威光最殊特」。佛所說的法音，拿師子來做比喻，在世間相上來比，沒有超過佛的。乃至佛所現的神通，調眾生的煩惱。神通力，神就是佛的心，通是佛的智慧。如果我們學到一分，我們也有一分神通。大菩薩學到十分，有佛的十分神通，阿羅漢學到一半，他有一半的神通，我們現在沒有，但是我們也有我們的神通。學佛所說的，我們學的淺深不同，這是學習當中。佛度眾生中，師子吼就是無畏說，所以說他的威光最殊特。有些眾生不是那麼好調伏的，佛就示現神通力降魔，降伏眾生的煩惱，那得靠佛的神通力。知道因緣，知道你過去的因，知道你的緣起，這樣來給你說法。

或見心寂靜　如世燈永滅
種種現神通　十力能如是

有的眾生在佛示現涅槃的時候，他得度。或有見佛已經寂靜，世間燈永滅，佛沒有滅，只是這一段因緣盡了，就像燈滅一樣的。形容佛示現入涅槃的時候，佛具足有十力。佛雖然在示現涅槃的時候也示現神通、示現妙用，也在度眾生，應以什麼緣起得度，佛就示現什麼，隨眾生緣，示現一切來度眾生。佛沒有什麼涅槃不涅槃。佛說示現涅槃！那是把這個現佛身度眾生這個緣起，暫時停止了。這個示現佛的緣起停止，又示現去作別的了。這是佛說的，佛跟地藏菩薩說：「我並不是在這個世界，只示現佛身度眾生，什麼聲聞緣覺一切眾生相，什麼相都現。」佛有這種力量。這是文殊菩薩讚歎佛示現成道、示現度眾生、示現入涅槃。

爾時光明過百世界。徧照東方千世界。南西北方。四維上下。亦復如

是。彼一一世界中。皆有百億閻浮提。乃至百億色究竟天。其中所有。悉皆明現。彼一一閻浮提中。悉見如來。坐蓮華藏師子之座。十佛剎微塵數菩薩。所共圍繞。悉以佛神力故。十方各有一大菩薩。一一各與十佛剎。微塵數諸菩薩俱。來詣佛所。其大菩薩。謂文殊師利等。所從來國。謂金色世界等。本所事佛。謂不動智如來等。爾時一切處。文殊師利菩薩。各於佛所。同時發聲。說此頌言。

我們依著經文只說一處，文殊師利菩薩是現一切處，「爾時一切處」，這是說在東方世界，其他方世界都如是，南西北方四維上下，反正十方，都有如是的相。

佛於甚深法　通達無與等
眾生不能了　次第為開示
我性未曾有　我所亦空寂
云何諸如來　而得有其身
解脫明行者　無數無等倫
世間諸因量　求過不可得

「甚深法」是使你能夠認識、覺悟本覺的體，要達到你本來所具足的覺，就是菩提，菩提的體。這個得到之後，他會產生無窮無盡的妙用。這是衆生不能明白的，「衆生不能了」。佛就給他開示，還加個修行的次第。這是有次第的。最初一定要得信，信佛的德、信佛的妙用，之後向佛學，觀察自己，佛教授我們的。

這個就含著有問號。性，沒有！「我性」，佛性，這是觀我的身，以自身觀我的身，我的身是蘊，這蘊是五蘊所生。我是生滅法，生滅法有五蘊，五蘊相異，我怎麼樣知道呢？妄情計度。「我」本來沒有，五蘊和合有，這有是假的，幻化的。既沒有我，「我」都沒有、「我所」更沒有，誰是「我所」？「我」空，「我所」亦空，這個身體究竟是從什麼地方來的？無有身之身，無身之身是法身。現於有身，我身是五蘊法。

五蘊是我嗎？五蘊不是我。五蘊若是我，我就是生滅，五蘊是生滅法。我跟五蘊不同，五蘊不是我，我不是五蘊相，這就是無我。我都沒有，還有我所有嗎？我既不立，亦無我所。內無有我，外無有我所，一切都不是我所有的。就是內無有我，我是主宰義，我作不了主，作不了主沒有我。無有我！所有的一切活動，似乎有我，這是假的，可不是眞實的。我是什麼呢？是五蘊的受行識。受沒有。誰來領受呢？受既沒有，身也沒有，沒有領受的身，才沒有受，這樣才能斷煩惱。這樣觀，煩惱能斷煩惱就叫解脫，解脫了，煩惱就沒有了。但是我所作的業，「所作業不亡」，作的業是眞實的，你作的業要受，但是作這個業也不是眞實的，「業性本空唯心造」，這樣子一分析，身也沒有，心也空，業也就不存在。

這段意思是解釋身跟心，若是以菩提道來說，我性，性沒有我，這個所說的性是眞實的我，不是假我，這是妄心。這屬於我執、我見，一個是人我，一個是法我，這兩種是我的知見。這兩種知見，在性上、在體上、在心性上，沒有的。我若沒有了，「我所亦空寂」，爲我所有的，沒有。「云何諸如來」，就是諸佛，而得有其身呢？這個意思是讓我們觀這個身，我身要是蘊的話，就有生滅。我們是覺悟了，觀自在菩薩行深般若波羅蜜多時，照見五蘊皆空。我非蘊，蘊非我，那是生滅。你覺了，光明一照耀，觀自在菩薩行深般若波羅蜜多的時候，照見五蘊皆空，那就是覺，覺就是光明。我見空了，我所也空了，身處何有？沒有身的身，正顯出你的法身。觀你的身體，觀你的身體不是五蘊，五蘊不是你的身體。現在你這個身體，不是眞正的我。我既不存在，我所也不存在，這就叫解脫。能觀到無我，不僅僅是人無我，還達到法無我，觀自在菩薩用般若智照的就是法無我，二種無我。跟世間的諸因較量，不可得的，這是解脫，證了般若德。這樣子，貪瞋癡之心就永遠的斷滅，這叫心解脫。「於一切法知無障礙故，慧善解脫」，身解脫，就是慧解脫。身解脫無身，無我就是，二我永絕，才能覺，覺了才能光明，光明就是慧解脫。

這裡頭講三明，在《涅槃經》第十六卷，解釋三明，菩薩明、佛明、無明明。

什麼是菩薩明呢？般若波羅蜜。什麼是佛明呢？佛眼，佛眼照一切。無明明，明無明沒有，畢竟空。

佛非世間蘊　界處生死法
數法不能成　故號人師子

「佛非世間蘊」，「蘊」是指著聚集義，蘊藏、含攝、聚集義，這是生死的果相。「界處生死法」，「界」是聚集的，我們經常說十八界，聚集很多六根六識六塵，「處」是十二處，根和塵這些都是生死法。「數法不能成」，界處都是說的數字。「不能成」，這是有為的，是生死相，不能成什麼？佛的人師子。「人師子」，非數法所能成的，數法不能成就人師子。根塵識這些十八界的法，五蘊、六處不能成就佛的法身，不能成就佛的解脫。

其性本空寂　內外俱解脫
離一切妄念　無等法如是

一切有漏的法，都是屬於世間的數法，佛不是這個數法所成的。那麼該是無漏法成的，佛也不是無為，佛非無，佛是有。有非有是指著法身，法身非無，無非無。

上面所說五蘊法有兩種，有有漏，有無漏。解釋五蘊法的，有漏五蘊，這都是有數的。無漏就是無爲，佛非無爲，佛是非無。那是因滅了，無常色，說無那個是無常色。佛是妙色，妙色非無，也不是有。因爲滅無常色，所得的佛之妙色身，妙色是安有的、安住的。妙色是什麼？湛然常寂，不是可壞相，不是有爲可壞相，不是對著有爲說無爲，也不是那個無爲。那個無爲沒有妙色，這是有妙色。湛然常安穩，形容佛的法身，非有非無。佛曠劫所修的慈悲喜捨，獲得金剛不壞體，永住剎塵無量劫。佛得的是金剛不壞體，永住世間剎塵劫。因爲這個指著衆生的本性，佛所證得的這個體性，常時如是。

這是契合性空，根和塵兩種妄念都斷了，內的根塵五蘊，外的六塵境界，內外都解脫。但是他常照內外，不是斷滅的。這個有，諸法皆有，叫妙有。妙有非有，這是性空。性空不空，一切諸法宛然存在，就叫妙有，妙有非有，就是空。空也不存在，妄又從什麼地方生起？「其性本空寂」，沒有一法不是寂靜的。境智，外邊的境跟你的智，雙寂的，契合性空的眞理，這叫佛的德。佛是心無有物，心無有物叫境寂。攝境歸心，因爲境寂了，境和性雙寂，境契合性空的眞理，這就是佛的德。攝境歸心，佛是寂照雙運，性空緣起、緣起性空，這叫佛的德。如果對境沒有亡，攝境歸心的話，心未得寂。

佛不是這樣，佛是寂照，寂而常照，照而常寂，這才契合性空之理。根和塵，內在的眼耳鼻舌身意六根跟外邊色聲香味觸法六塵，根塵兩種都斷了，這是內外解脫、心境雙寂，知道心不可得。妄根，內妄故，根不能繫縛。外妄故，境起能遷，境遷不動心。心能轉境，這才能夠眞正達到解脫。解脫什麼呢？解脫你的惑障，這叫覺了，光明了。這叫常照而常寂，常寂而常照。因爲是法身故常，無過故就叫樂，數不能成，自在稱我，這是常樂我淨的四德。什麼是我？自在稱我。觀自在，觀了，觀五蘊皆空，就自在了。解脫故清淨，佛的常樂我淨四德，法身故常，無過故樂。數不能成故，自在稱我，解脫故淨，這是常樂我淨四德。

體性常不動　無我無來去
而能悟世間　無邊悉調伏

上兩句是不動，顯不動而能普應，不動而能普應，即體的大悲，體不動而常應，就是性空隨一切衆生緣而普度。「體性常不動，無我無來去」，是不動義。「而能悟世間，無邊悉調伏」，這是普應，也就是不動而普應。

常樂觀寂滅　一相無有二
其心不增減　現無量神力

這是動和寂，佛所證得的不二德。什麼不二呢？動寂不二。「一相是表。所謂無相，無二是遮。」因爲一相是表法的，無相是表遮的，一個表相一個表遮，遮攝二門。不是對有說無，也不是對無說有，觀一切法沒有起始也沒有終，體性無始終。心亦不增減，但是可能身口意，化度衆生的無量神力。「常樂觀寂滅，一相無有二。其心不增減，現無量神力。」化一切衆生的時候，常時如是。

不作諸眾生　業報因緣行
而能了無礙　善逝法如是
種種諸眾生　流轉於十方
如來不分別　度脫無邊類
諸佛真金色　非有徧諸有
隨眾生心樂　為說寂滅法

能了一切機而自己無染，這是隨緣而不變。這裡舉一個例子，諸佛的身像眞金，眞金要隨緣做一些器皿，做一些裝飾，金子沒有這些，但可以隨緣做這些器皿。佛的身是一眞法界身，不屬於諸有，他是隨緣示現受生，示現八相成道。示現的有，那是妙有，佛的法身本體是眞空的，但是隨著衆生心的歡樂，所要求的，這是大悲心。大悲心是智慧，大悲心不是有，而是智慧利生。看著是動，實是沒動，是「如」，「來」是本體利生，「如」就是本體不動。

爾時光明過千世界。徧照東方十千世界。南西北方。四維上下。亦復如是。彼一一世界中。皆有百億閻浮提。乃至百億色究竟天。其中所有。悉皆明現。彼一一閻浮提中。悉見如來。坐蓮華藏師子之座。十佛剎微塵數菩薩。所共圍繞。悉以佛神力故。十方各有一大菩薩。一一各與十佛剎。微塵數諸菩薩俱。來詣佛所。其大菩薩。謂文殊師利等。所從來國。謂金色世界等。本所事佛。謂不動智如來等。爾時一切處。文殊師利菩薩。各於佛所。同時發聲。說此頌言。

發起大悲心　救護諸眾生
永出人天眾　如是業應作

這個偈頌是說佛在因地當中，發起利生的大悲心，去救護眾生，大悲心所產生的救護眾生之業用。但是「永出人天眾」，就是超過人天，不求自利，但求利他。這就是佛的業，什麼業呢？菩提的因行。「發起大悲心，救護諸眾生，永出人天眾」，這是如來應當作的業用。

意常信樂佛　其心不退轉
親近諸如來　如是業應作

這是佛修得的智慧。「意常信樂佛」，一信，二樂，三念，四學。信樂佛，「其心不退轉，親近諸如來」，心不退是念。「親近諸如來」是學，向諸佛學。常信不退轉，對我們來說，我們是信信退退，信不入位，不能夠常信。樂是希求的意思，信了之後求，希求佛法。念念不退心，信了之後再不轉變，學就是照佛所作的，就是那麼學，佛所說的一切法，常時如是學。這裡含著修的意思，主要是以信爲主，也是覺的意思。不覺怎麼能信呢？這個覺不是初發信心，而是初發的覺！我們講〈大乘起信論〉，因爲已經迷了，不覺了，開始覺，叫始覺。就是初發信心，信菩提，喜歡信佛。希求常時見佛，照佛所行的去行，照佛所說的去做，佛如是行、如是說、如是解，發了這個心不退轉。不退轉就表示信心堅定，信心堅定就含著一個信的用，用在裡邊了，用就是業，信含著你的業。

志樂佛功德　其心永不退
住於清涼慧　如是業應作

信了之後要求解，解了之後要去行。常時念，念就是思惟，常時思惟自己的信，常時自己想念，念什麼呢？佛的功德。我們每天這樣思念，想佛的功德。「志樂佛功德，其心永不退」，這是信住。信住到什麼上呢？住到清涼的慧解，沒有熱惱了，有惑就是熱。煩惱火發起來，熱得不得了，煩惱熱。清涼的意思，有了智慧，煩惱就斷了，除了煩惱的熱惱。業就是業用，經常的用，令這個業不要失掉。

一切威儀中　常念佛功德
晝夜無暫斷　如是業應作

無論作什麼修行，你的思念當中，常時念佛的功德，常時念三寶，無論黑天、白天，二十四時不讓它間斷，無間地修行，「無暫斷」。這個「無暫斷」是約你的心念，心念不要斷。

觀無邊三世　學彼佛功德
常無厭倦心　如是業應作

心念不要斷就是「觀無邊三世」，無量無邊的三世就是過去、現在、未來，過去還有過去、現在、未來，現在還有過去、現在、未來，無邊的三世，三世是永遠不停的，經過無量劫，時時學佛的功德。「常無厭倦心，如是業應作」，都是「如是業應作」，「如是業應作」就是你應當作這些事。簡單說業就是用，把你的心用到這個業用上。

觀身如實相　一切皆寂滅
離我無我著　如是業應作

這裡引證《淨名經》，《淨名經》就是《維摩詰經》。佛問維摩詰：「汝欲見如來否，汝以何等觀如來？」問維摩詰居士，想不想見佛？你是怎麼樣地來觀看如來？維摩詰居士答言：「如自觀身實相。」怎麼樣觀如來？觀自身的實相。觀佛亦然，觀佛也觀佛的實相。什麼是如來的實相呢？觀前際不來，後際不去，也沒有來相，也沒有去相，現在又不住，今則不住。前際是過去，過去不來，現在不住，未來也不去，不來、不住、不去，這是第一種觀。

還觀什麼呢？不觀色如、不觀色性，不觀受、想、行、識，換句話說，不觀五蘊如，也不觀六入，不觀色、受、想、行、識性，非四大起同虛空。色受想行識都是同於虛空，不但不觀它的相，也不觀色、受、想、行、識的性。非四大起，不是地、水、火、風起的，同於虛空。六入無積，眼、耳、鼻、舌、身心已過，不在三界。三垢已離，順三解脫門。三明與無明等，不一相，不異相，非一非異，不自相，不他相，非無相，非取相。不此岸，不彼岸，不中流，而化衆生。觀於寂滅而不永滅等。

彼以觀身實相，用觀如來。這樣地觀佛，也自己觀自己，爲小異耳，略有小小的差別。眞實觀同，在眞實觀上是一樣的。

《法華經》〈安樂行品〉也如是說。經上說，文殊師利，又菩薩摩訶薩，觀一切法空，如實相，不起顚倒，不動、不退、不轉，如虛空，無所有性。一切語言道斷，沒有了，不生、不出、不起、無名、無相，實無所有。無量無邊，無礙無障，但以因緣有，從顚倒生故說。這些詞句是清涼國師引來的。常樂觀如是法相，是名菩薩摩訶薩第二親近處。怎麼解釋呢？上面所有這些話，都是讓你觀實相，實相是理法界實相之體，理實相就是寂滅。諸法的實相就是心行，心裡的運作、心裡的念頭、言語，全都斷了，心行處滅，言語道斷。這是說，心行言語斷，就是心行處滅，言語道斷。無生故亦無有滅，寂滅如涅槃。

諸佛或說我，或說於無我，說我、說無我，是隨緣義。諸法實相中，無我也沒有非我。如果離了我，無我了，超越凡夫。連無我也離，超過二乘。離我超過凡夫，離無我超過二乘，故能發起大悲心救濟衆生。以下四句是清涼國師立的，也是諸佛所說的。一唯有我，二唯無我。第三種雙辨，生死無我，涅槃有我，常樂我淨那個我。在生死法中無我，在常樂我淨那個我。四是雙非，上二互形奪。或者是唯我，即凡夫；無我，即二乘。雙辨，就是對小說大，對大說小。「涅槃云：無我者，所謂生死，我者謂，大涅槃。」二乘之人，但見無我，不見於我。雙非，泯絕大小。

就大乘的性相說，有四句。唯一眞我，迥然獨立。對病顯實，對有我病的顯實說法，但是我和法皆空。眞妄雙觀，觀眞也觀妄，觀妄也觀眞，但是不壞性相。既不壞體，也不壞相，把性相融合到一體。既奪性，也奪相，性相雙奪。但有觀照，因爲一切衆生妄執有我，稱理而觀，稱理就是以理法界觀眞實、觀法性，離開二我，人我、法我。但是既照性，也照相，光是覺悟的光明，既照性也照相；但是眞妄不立，不立眞也不立妄，眞妄形（雙）奪。對妄來說眞，眞的意思是對妄的，妄沒有了，眞也不立了，一切相對法都不立。此是妄我，妄我非我，諸佛所說「於我法中」的那個我是表法的，佛所說的我是眞我。

等觀衆生心　不起諸分別
入於眞實境　如是業應作

平等觀一切衆生的心，「等觀」是這樣的意思。爲什麼？同體故，大悲同體，等觀衆生心，不要起眞妄的分別，見眞就息妄，見眞不起分別，妄盡就契於如來的境界，妄盡就入於眞實。這是《華嚴經》所立的妄盡還源觀，妄盡了，還歸於本來的面目，這就名爲眞實。

悉舉無邊界　普飲一切海

神通大智力　如是業應作
思惟諸國土　色與非色相
一切悉能知　如是業應作
十方國土塵　一塵為一佛
悉能知其數　如是業應作

這三個偈頌是顯什麼呢？顯廣，大方廣的廣；顯諸佛的業用，這叫神足通、法智通。「神通大智力，如是業應作」，這是佛的神足通。「思惟諸國土，色與非色相，一切悉能知，如是業應作」，這是佛的法智通，佛於一切法之智慧的神通妙用。法性土爲非色，法性的土就是依報，我們講〈世界成就品〉、〈華藏世界品〉都是講這個問題。法性的土不是色，其他的土，凡聖同居土、方便有餘土、實報莊嚴土都屬於色，法性土非色，能一一悉知了。

前面講大悲心，發了大悲心，怎麼樣去救度衆生呢？信了，信樂、信佛，樂的是合法，欣樂佛的功德，以佛功德成就其身。信樂空樂，空樂又有什麼利益呢？念念修學，自己反觀自己，學他不如自觀。自觀什麼呢？自觀一切衆生、一切物跟我平等平等，同入於眞際，也就是眞諦的理。這時候能起的大用，用何所爲？用做些什麼呢？窮十方界，入諸佛海，用就是用到這上面，窮十方界，入佛智海，這叫平等的大用。

光明覺品　第九

○釋　文

爾時光明過十千世界。徧照東方。百千世界。南西北方。四維上下。亦復如是。彼一一世界中。皆有百億閻浮提。乃至百億色究竟天。其中所有。悉皆明現。彼一一閻浮提中。悉見如來。坐蓮華藏師子之座。十佛剎微塵數菩薩。所共圍繞。悉以佛神力故。十方各有一大菩薩。一一各與十佛剎。微塵數諸菩薩俱。來詣佛所。其大菩薩。謂文殊師利等。所從來國。謂金色世界等。本所事佛。謂不動智如來等。爾時一切處。文殊師利菩薩。各於佛所。同時發聲。說此頌言。

若以威德色種族　而見人中調御師
是為病眼顛倒見　彼不能知最勝法

文殊師利菩薩在各個佛前、十方法界，所以說一切處。處既是一切處，文殊師利說也是一切的文殊師利菩薩，各於佛所，同時發聲。就是一即一切，在一處聽如是，其他一切處也都如是，時間是同一個時間。若從威德、色相、種族來這樣認識佛，這是顛倒見，是錯誤的認識。離開又能怎麼見到？這要思惟了。他對著法會當中的菩薩說，若是以威德或者色相或者種族來見佛，這是顛倒見。若是這樣的見、這樣的思惟、這樣來認知，「光明覺」這一品所說的聖教量，所說的法，不能得知也不能悟入。你是顛倒見，是顛倒思想，所以不能了知。爲什麼？你這個見是外來的，跟最勝業、最勝義是相反的，所以顚倒。這個見不要當成眼睛看，這些含著是知義，含光明義，含覺悟義，你這樣是沒有覺悟，所見的不正確，是顚倒的。說你的眼裡有病，看得不眞實，你所見到的是外頭境界相，這樣是不可以的。這段經文跟前面一樣，每一方都如是說。

因此，要怎麼樣見才是正確的呢？離一切諸相而見一切諸法。見相的時候，因爲是隨緣義、幻化義，你不能知道最殊勝的，不能知道光明義，不能知道覺悟義，所以叫「病眼顚倒見」。離一切諸相，見到眞實的性，若分別講，分爲智身和法身。但是不由相怎麼能引起性體呢？離開佛的威德，離開佛的色相，離開佛的種族，如何見薄伽梵呢？「薄伽梵」是佛的意思。文殊菩薩說這個偈頌的時候，見要見性，你這個知是以什麼知？觀的時候是以什麼觀？是以肉眼觀？是以天眼觀？還是以法眼觀？還是以慧眼觀？觀知的那個觀、那個見。這些相要你見相上不要起執著，假使要認爲佛的威德、佛的色相、佛的種族，這樣來見佛，這叫病眼見。因爲這一品是光明覺，不是光明的見，不是覺悟的見，你不能知道佛的最殊勝法。讓你離相見性，但是在這個會中，只要你相信眞實。相信，信你的自心，信佛的佛性，你的自心跟佛性覺體無二。〈光明覺品〉是文殊菩薩叫我們生起信心，生信心的時候，要有一種知見。你這個信心的知見是什麼知見呢？不要在相上去求，不要在色法上去求，應當從實相義去求。

在這一品〈光明覺品〉，光明跟覺，一個是約佛說的，一個是約眾生本具說的。我們本具的能夠把虛妄的妄見除掉，要見佛的性體，假使這個見沒有生起來，還不能生起來，要信！我們沒有進入之前要信文殊菩薩教導我們的方法，那是眞實確切的。一般人看佛像，或者銅雕的，或者泥塑的、木雕的，若莊嚴得很殊勝，你心裡生歡喜，那是在相上起分別的，這是我們凡夫的知見。所以，看佛的威德，看佛的種族，以這樣來認識佛，說明你有病。什麼病？知見有病，那不是光明義，不是覺義，不能知道如來的甚深涵義。在相上能認識它的性，不要起一切執著。

如來色形諸相等　一切世間莫能測
億那由劫共思量　色相威德轉無邊

從相上見性，是讓你覺、讓你悟，這是見佛最殊勝的方法。如來色相是無邊的，不是我們這個情所能測度到的。約智，智就是光明。舉佛一相，就顯它的甚深、廣大、無邊。有好多相呢？佛的相有十蓮華藏微塵數之多的相，形容相之廣。每一相都是稱眞而起，這是說相的深。這個廣跟這個深，就是大方廣的方和廣。但是你要認識它的大，體會它的大，我們現在是不能夠深入，只是信，從信開始，相信文殊師利菩薩所說的是眞實的。

如來非以相為體　但是無相寂滅法
身相威儀悉具足　世間隨樂皆得見

相不是佛的體，所有如來的色形諸相，不是如來的體，不要認錯了，涵義就是這樣。什麼是體呢？是無相的，是寂滅的，那是佛的體。佛所現的相、所現的威德，是在世間上給眾生種善根的。化由眾生隨緣示現，不要把這個當成眞實的，涵義就是這個意思。我們前面講的深和廣，如來不是以相爲體就是深，無相的寂滅法非常得深。但是「身相威儀悉具足」，化諸世間一切眾生都樂見，這是解釋廣的意思。上面是約性體上說的，下面是約佛利益眾生的、隨緣示現的，啓發眾生的信解。要知道，色沒有定色，它是變化的，可以隨緣染成諸色。

例如我們塑尊金佛像，或者我們看著一尊玉佛像，一個是白的，一個是黃的，究竟佛身是黃的？是白的？佛身不是黃的也不是白的，這個道理大家都懂。講課之前，看見我的攝像，我看見的不是我，怎麼是我？不是我，它又離不開我，因爲是由我而照的像。所以我們所塑的佛像，可以這樣理解。在泰國，泰國人塑的像，跟中國人塑的像不一樣。中國人塑的像，南方跟北方塑的不一樣，過去塑的像跟現在塑的像不一樣，因爲這是假相，不是相。

但是這個假相，可以藉假顯眞，就像我們說我們這個身體是假相，是假的。前面我們講，如幻的、五蘊和合的。但是沒有這個假的，你怎麼修眞？這個是讓你認眞、不要認假，前面所說的，藉假修眞，就是這個涵義。千萬不要在這上面起執著，如果執著了就是「病眼顚倒見」，不執著了，隨緣消舊業。這個解釋是你要認如來的體，依體而見相，相是隨緣義，體是眞實義，體是無相的寂滅法，由這個寂滅法中生出來身相威儀。衆生見著生歡喜心，種了善根，就達到這個目的。

佛法微妙難可量　一切言說莫能及
非是和合非不合　體性寂滅無諸相

佛所證得的是智，是光明，是覺悟。這一品你不離開光明，不離開覺悟，都是對的。在理上是圓滿的。在佛都是從理上來說的，佛是證起的。在一切衆生的緣，那是隨緣。所以說覺，說光明，用言說來表達是表達不出來的，表達也是相似的，不是眞實的，它要你眞正的智慧契得，以智契，以光明。寂滅的體相，用言說怎麼能表達出來？依著寂滅的體相而起無邊色相，用言語表達，那就微妙了，得靠智慧來契得的，這樣子才能證得的。所以佛法，佛之覺悟法，不是用情智測度所能知道的、所能量的，言說是達不到的，「一切言說莫能及」。

「非是和合非不合，體性寂滅無諸相。」「和合」呢？諸體上不是和合的，佛名的體是光明覺，它是不合的。不合就是沒有諸相，佛的體跟相不合。這個意思是說現在所學的智慧跟肉體是不合的，你說這個智慧是在肉體之內，是在肉體之外？沒有肉體怎麼又能表達出你的認知？這是讓我們返妄歸眞。從我們的不覺產生始覺，開始覺，始覺漸漸達到相似覺，相似見眞理了，相似覺又起分證覺，那登地了，一分一分的，分證覺達到究竟成佛。就是說這個緣，緣起諸法，緣起就讓你起修，起修的時候，是合？是不合？能契眞理、契眞相，把這個不是和合的全部沒有了，緣是非緣，所以叫非和合。

但是這個語言又翻過來，非緣就是緣，不合即是合，合即是不合，這個要你自己思惟，要你去修。怎麼解釋？所有的緣，緣不是眞實的，而是緣起的，沒有自性的，是性空的，不是和合、非和合。沒有緣起，非緣也就是緣，緣又不是不合，意思是說不假因緣怎麼能進入？在和合之相中，認得他是虛幻不實的，認得他的眞實。這不是語言能契入的，合相跟離相，在合的時候認得他是無相。在離的時候認得他是隨緣義。連這個非和合也要離，爲什麼？體是寂滅的。我們想自己這個心，這個妄想心，我們這妄想心不是眞實的，他是緣起的。若是沒有緣起，怎麼能達到性空？但是知道性空，它是非和合的，但你緣起修的時候，緣起法上又是和合的，契了眞，相沒有了，那又非和合。達到緣即非緣，又是非和合。非緣是達到從緣起而來的，非緣即緣，即緣就是和合，又非不和合。

一切寂滅相是理，一切生滅相是緣起。在修的過程之中，沒有達到究竟的時候，沒有達到究竟光明，沒有證得智身、沒有證得法身的時候，這些都是緣起諸法。但是法身是徧的，法身無相。他徧一切法，那就是隨緣義，無相而起的相是隨緣義。本來是在法性當中，沒有我們這個人相，也沒有我們這個名相的名言，也沒有一切的是是非非，都沒有了。寂滅相是不和合的，一切諸法皆空。引導衆生怎麼能入呢？佛就示現一切相，這相是示現的，是依著法身而起的化身，化度衆生的作用。隨衆生喜歡的，就給他示現，這又是和合，性空隨著緣起。不要把這個當成眞實的，說棄相歸性，又是不和合。對佛的三身，就這樣去認識他，這樣理解他。報身，是因爲緣起利益衆生而修成的。修成的就契合眞實，就像我們拿金鑄成佛像，金子不是佛像，但是你鑄成了，假緣把他鑄成了，就是這個涵義，這個要思惟修。

這叫什麼呢？在華嚴宗講以事奪理，理隱了，事現了。以理成事，乃至專說理，專講性空，不講緣起，這叫以理奪事。無有言說、無有行相，光顯理，把事就奪了。寂靜、寂滅，這是專在性上說的。我們的報身修成了，契合實際理地。就像我們拿金子鑄成像，金子是從礦裡出來的，在礦坑裡頭金子不都是金子，還有礦石參雜的，你看著最初採礦的，那礦石取出來，是夾著不同成份，還得鍛煉，把石頭成份都去了，才成眞金。我們人人都具足佛性，但是你現在，在纏、在染，得把垢染去了，才能恢復眞實，垢染就是一切諸相。若見諸相非相，才能見到如來，見到眞實。這個道理要思惟。思惟就是修，思惟就是觀，等你觀成三昧，入了正定，或者入了正受，你才能契眞，契眞才明白這種道理。你所信的，依這個道理去信，這是眞實的，信光明、信智慧。我們現在迷了，相信還有覺悟的時候。爲什麼這樣說呢？

佛身無生超戲論　非是蘊聚差別法
得自在力決定見　所行無畏離言道

「佛身」是指佛的法身。「無生」，佛也降生、成道，八相成道，這就叫「戲論」。佛身是無生的，超過戲論法。不是五蘊，也不是十二處，也不是十八界，非是蘊聚，不是這些差別法。你必須得到自在力，你這個是眞正的知見，見是慧、是智、照了，有了光明，有了覺悟。這就是無爲道，是離言道，離有言說，但有言說，絕無實義，但是必須得證得，證得究竟佛身。在體性，證得體性了，體性是寂滅的，現一切有。爲利益衆生，而又立一切有，又現一切身，乃至三十二相，八十種好，無量相好。有時候遣，有時候又立，這是隨衆生緣。有時候說一切法皆無，有時立一切法，說法法皆如，每一法都是如來眞實的，有時又說非有非無，這是隨衆生的因緣。在了義上，若有戲論，就破了你的智慧眼，沒有見佛的智慧眼，就不能見佛。說一切妄、一切惑都不生，不是五蘊十八界。一起心、一動念，都是戲論。

什麼是決定見呢？「不隨境相」，不見境、不見相。一個是約自分說，一個約利生的隨緣分說。遇什麼機說什麼法，佛說法是知時、知處、知機，這個時候不能說這個法，佛不會說的。機緣不契合、聞法者不對，佛也不會說的。地點不對，也不能說。

佛每一個說法的發起因緣，處所非常重要，佛是知時、知處、知機。懂得這個涵義，就明白佛身是無生的，不是五蘊十八界，不是這些差別法。這是讓你見法身、見眞諦說的。如果你也如是觀、也如是行、也如是觀，你必須得到這個自在才能見佛，這叫是言行處滅，心行處斷。不用思量，不用語言，這叫離言道，離語言說。所有文殊師利菩薩的教授，是讓我們去分別認知，信自己眞實的法身。信自己，自心是佛。如果信了，而後能這樣解，而後能這樣做了，你是身心平等，內外解脫。常時住正知正見，這就叫正念。沒有什麼繫縛你，一切不執著，繫縛不住你。最初經常這樣思惟修，你的意念就清淨了，這叫轉識成智慧。

身心悉平等　內外皆解脫
永劫住正念　無著無所繫
意淨光明者　所行無染著
智眼靡不周　廣大利眾生

這個意，寂靜下來了，寂靜下來就產生光明，光明是照了義，光明照了義，一切都不執著。你看一切法，以你的智慧，覺悟的看一切法，就破除一切法的黑暗，破除一切法的陰暗面，就靠你的意淨。淨是清淨的淨，再假寂靜下來就定了，定了而後就產生光明、產生智慧，就照了義，照了這一切沒有執著，意淨光明所行的、所作的無染著。以智慧來觀照一切。觀照就是見，見就是以眼見，「智眼靡不周」，這時候才廣大利益眾生，隨緣說一切法，利益一切眾生。

一身為無量　無量復為一
了知諸世間　現形徧一切
此身無所從　亦無所積聚
眾生分別故　見佛種種身
心分別世間　是心無所有
如來知此法　如是見佛身

若這樣子，能使一身化現無量身。毗盧遮那化成無量無量千百億，有大應、小化，一身能化無量。這是還源，妄盡還源觀的時候就是這樣。「無量復爲一」，乃至一也不立，「了知諸世間，現形徧一切」，了知諸世間、了知眾生有緣的就現。時間、地點、當機，有當機眾，時間合適，處所合適，佛就現了，現了就說法，「現形徧一切」。佛身從何處來？什麼積聚的？沒有，是從眾生分別來的。眾生有分別、有緣，佛就示現度，佛就現種種身，讓衆生看見佛現種種身，那不是眞實的，而是爲利益衆生所示現的。

這個心，分別一切世間法，心無所有，能分別的心，在一切法上沒有一點的執著念。沒有執著！現在我們是分別心，我們看見有喜歡花的、有喜歡住居條件的、有注重飲食的、有注重衣服的，有人吃飽、穿暖就行了，住居條件不在乎。爲什麼我們現在賓館有三星、有五星、有四星，還有住小店也可以，什麼星也不是。什麼意思？得有條件，經濟條件、客觀現實不允許你如是。我們現在是煩惱當中，你這個肉體、業報身、妄識心，所以你對世間是分別，一切都執著，到了是心無所有，一切都不執著，他就是在妄心執著分別世間。慧心、智慧心，一切無所有，都是假的，不爲他所執著。一個是心被境轉，一個是心能轉境。被一切境界相，把你束縛，隨境去轉，一切境無著，了境如幻。如來的光明、覺悟，成了究竟，他深知此法。你要這樣的來見佛身，見佛的法身，見佛的法身，你知見相信佛的法身，也相信自己的法身，與佛無二無別。

文殊師利菩薩這些偈頌，只能達到一個目的，讓你相信自己眞實的理體，莫相信幻化的假身，莫相信現在這個妄心，要相信眞心。眞心在哪裡？妄去還源，妄心沒有的。妄即是眞，眞隨緣故而成妄。並不是一個心、兩個心、無量心，沒有那麼多的，唯是一心。但是在我們修行的時候，怎麼樣來達到？以下〈菩薩問明品〉、〈淨行品〉，文殊菩薩一個一個給我們教授。〈光明覺品〉說的是總義，只舉個光明覺。你知道什麼是光明？什麼是覺悟？光明是對著黑暗的，是你迷了，你若不迷，也沒有光明。覺和迷不是兩個。你覺悟了，一切諸法全不存在，你迷了，六道輪迴宛然現前。「夢裡明明有六趣，覺後空空無大千。」這個偈子，就告訴你清清楚楚的，有的根基深厚，在〈光明覺品〉他就契證，契入了。不能夠契入，那還得問，反覆的討論，怎麼樣才能達到明？怎麼樣才能產生正知正見？乃至才能入佛的知見？那得開示悟入。

如來知道此法，什麼呢？光明覺。展轉教授一切眾生。寂照，寂是定，照是慧。意清淨，寂靜下來就清淨，光明照是破除黑暗，破除虛妄，清淨了就不執著。有了光明，你所走的菩提道就是光明大道，沒有光明、黑暗了，六道輪迴。要這樣的思惟，這樣的進行，這樣的修行。

爾時光明過百千世界。徧照東方。百萬世界。南西北方。四維上下。亦復如是。彼一一世界中。皆有百億閻浮提。乃至百億色究竟天。其中所有。悉皆明現。彼一一閻浮提中。悉見如來。坐蓮華藏師子之座。十佛剎微塵數菩薩。所共圍繞。悉以佛神力故。十方各有一大菩薩。一一各與十佛剎。微塵數諸菩薩俱。來詣佛所。其大菩薩。謂文殊師利等。所從來國。謂金色世界等。本所事佛。謂不動智如來等。爾時一切處。文殊師利菩薩。各於佛所。同時發聲。說此頌言。

「同時」是同一個時間，發聲說什麼？說法，法是什麼呢？讚歎佛的功德，破除眾生的知見。一個是讚佛的法身，一個是讚歎佛的報身，讓一切眾生，生起覺悟，生起光明，生起信心。發聲說什麼？以下這些偈頌是文殊師利菩薩發聲教化眾生，讓眾生生起信心。

如來最自在　超世無所依
具一切功德　度脫於諸有
無染無所著　無想無依止
體性不可量　見者咸稱歎
光明徧清淨　塵累悉蠲滌
不動離二邊　此是如來智

這三個偈頌是讚歎佛教化的法，難思！爲什麼難思呢？因爲直接說佛的明。明，直接說佛的智慧。第二種是對治眾生機的時候，辨別。辨別什麼呢？辨別機，應以何法得度者。最後約法上來明，明佛的明，明對衆生辨機的時候，所說的次第。

第一個偈頌主要是說佛所對的一切衆生之機。佛是最自在者，超世間，一切都不著，無障無礙。他是具足一切功德，度脫一切有情。諸有，有生死的、有煩惱的、有黑暗的，這是說佛所緣的一切境界相。能緣的是什麼呢？能緣的是佛清淨的智慧，因爲佛有無礙的智慧，在所緣之中見到一切衆生的因緣起滅，用無礙智轉化一切衆生。佛的煩惱習氣永遠都除了，所依的是清淨無爲。對一切衆生的時候，隨衆生緣以無礙的智慧，轉化衆生。面對這些深奧義，要靠思惟。佛有好多的不共法，不共是不與菩薩共的，更不要說二乘、衆生。佛的無畏，佛的念住，佛的護諸衆生，佛的大悲，佛沒有任何習氣，他以一切種種妙智利益衆生。相對於衆生的煩惱習氣，佛怎麼樣滅除？佛自己怎麼樣滅除的？以此來利益衆生，讓衆生也如是滅除。因爲佛所緣的都是清淨的。在利益衆生的時候，要變化，有大化有小化顯。所緣的境就是衆生，佛只能教衆生讓他自己轉化，給他說法，讓他的心也清淨，佛來給你作證。最主要的是，一切衆生不能夠捨棄，眷戀一切所著的境界。相對的，佛是無所著的，佛沒有憂也沒有喜，無污染也沒有著。

這裡頭含著有三種意思，一者聞法是不是一心？說衆生聞法、聽法的時候，是不是一心？聞到法，是不是生了種種的顧慮，產生不歡喜，聞法不喜。又有一種，聞法生歡喜，一點憂慮顧慮都沒有，這是好的。剛才所說的聞法不歡喜，反倒生起一些障礙，這是不好。不論憂和歡喜，這兩種都是染法，應該捨棄。應該達到什麼？無染無著。達到什麼？念佛、念法、念僧，不依止名聞利養，無想無依止。想惡法的時候，心裡生起惡法的時候，把它斷絕。特別是對於名聞利養，讓那個觀照心特別強，不執著於名聞，不執著於利養，看破了放下了。這樣子惡想全斷絕了，不依止名聞利養，這樣就得到智心，護持智心，外邊就得到三寶加持。同時，這又叫三念住，無染無著。一心聽法不憂，一心聽法不喜，常住捨心，憂喜就是染，不住它就是捨，這叫三念住。無染無著，把這個念，住到無染無著。聽法的時候生歡喜心、生捨心、生無染無著心，思想常這樣念，常這樣住，捨棄名聞利養。同時以佛的智照對照，對照要產生正念。正念就是心裡常時觀照自己，不要在生活的一切事物中起心動念，常時記住，不動！不隨外邊境界相轉。以佛所教授的無上智慧觀照，以佛智來觀照，就叫正念。

以下偈子有四種涵義，一者智無畏，二者漏盡無畏，三者出障道無畏，四者出苦道無畏。這四種，在〈十無盡藏品〉會詳細講。要離二邊，常明寂住不動。四無所畏，光明就是正覺，就是清淨，〈光明覺品〉的光明，就是正覺，就是清淨，就是出苦，就是不動。這個是解釋〈光明覺品〉的，文殊菩薩教授的意思就是這樣。我現在跟大家說的，是清涼國師所作的解釋。

若有見如來　身心離分別

則於一切法　永出諸疑滯

佛的三業是隨智慧的，身口意三業都是智慧的，都是光明的，都是覺悟的。約衆生說，要學佛，照著佛身心所作所為的去學，也產生無分別的智慧，也產生無疑惑。佛的三業是隨智慧行，一切衆生若知道念佛的功德，我們的身心也能像佛那樣，無分別。這樣能得到什麼益處？收到的好處是不懷疑。

曾經有好多道友，你問他對佛法有沒有疑惑？「沒有，絕對沒有！」沒有一個答說：「我對佛法有疑惑。」但是所做的、所行的，有很多來問我的問號全是疑惑。他在疑惑當中，他就不認得疑惑了，因為他全部是疑惑。有的這樣問我說：「我念佛，念《阿彌陀經》，念《無量壽經》，能不能生極樂世界？」我說：「你生不了。」他說：「為什麼？我天天修行！」我說：「就憑你今天問的話，你生不了。」這是一個。

還有，在學習當中，不是眞心學習，學習當中，對經上所說的話，產生很多不必要的問號，那就叫疑惑。聽經聞法的時候，不好好的聽佛教導，每位法師不論誰來解說，他不是佛，也不是文殊師利，錯誤當然很多。因為他不是照佛所說的，有的他自己去深入體會，深入思索，完了再對照佛所說的，只是介紹而已，他沒有這個力量。不但是我，我的老師乃至於很多祖師，因為不是佛也不是文殊師利，也沒有達到這個境界，當然有很多過錯。不要在這上面挑每一句話的對不對，挑每一段文的對不對，這叫懷疑。你根本就沒有信，怎麼能得到這部經的好處？怎麼能得到利益？《華嚴經》說信的經卷也多，語言也多，佛的教授也多，文殊菩薩專說信的，專啓發信的。等你以後用行，〈淨行品〉是行，用行來證明你要信，還在信位裡頭，還沒有離開信。

以前有道友問我：「信沒信？」我說：「我沒信！」他說：「怎麼沒信，沒信你怎麼解？」我說：「學著信。」想信，學著生信，信不是隨便說的，得你到什麼程度，信有位的，相信沒入位，沒入位十個信心具足幾個？就是《華嚴經》講十信，具足幾個？我跟大家講過好多，「覺知前念起惡，止其後念不起者」，這是第一步。因爲現在講這個念，三念，在一念說吧，念念不離三寶，思你的活動，思你的行爲，念就是思念，念什麼？念念不離三寶。你要想見佛，身心得離開分別，現在有沒有分別？學佛法最根本的是唯信能入。你一天都在懷疑當中，怎麼能信嗎？怎麼能入嗎？

有些道友跟我辯論：「出家都十幾年，還說自己沒信！」我說：「你出家才十幾年，我出家都七十多年，我還沒有信。」這個說的信，是要求高了，不是我們普通的信佛、信法、信僧。你信得要去做，考驗你有沒有信心，你可以問問。我要是給人家受三歸，我都囑咐他，受完三歸，每天晚上睡覺，上床的時候一定要念「皈依佛、皈依法、皈依僧」，最少念十聲。早晨一睁開眼睛，第一個念頭就是念佛、念法、念僧，也是「皈依佛、皈依法、皈依僧」，念十聲。一千個也沒有幾個，受完了三歸就還給三歸。好的還能夠迴向一二十天，不好的一二十天都沒有。讓他早晚這樣念，回念三寶，他早忘了，連最起碼的都做不到。像我們說能達到見如來，身心沒有分別，於一切法永遠沒有疑惑，沒有滯礙，能做得到嗎？

最近我接到一些電話，信了佛，有點病，或者遇到什麼挫折，或者生意失敗。他認爲是皈依三寶皈依錯了，認爲皈依三寶，三寶就得保證自己家庭愉快，身心健康，生意發大財，哪有這個事？他不問自己的感，只要求應，還要求得非常高。你做了好多？跟你講，感應感應，你不感怎麼會應？你不要求、不去分別，不看看自己感的如何，就說佛菩薩不加持，皈依師父也不護持，皈依師父哪有那個力量？別的皈依師父我不知道，你皈依我，我只能勸你信！只有你去做，我沒有其他辦法，因爲只有佛法，我只能告訴你佛法，我沒有法。佛教授你的法，讓你怎麼做，你做就對了。文殊菩薩教授我們，你要見如來，身心得先離開分別，在一切法上，你都不懷疑、無滯礙，一切法通達了。首先起碼你得通個因果法，你相信因果不？你信佛了，你連因果都不相信，還想得到加持，能做得到嗎？佛教導你斷五欲，你一天貪得不得了。

學華嚴大法，一加持，一切都加持了，一發大財，整個世界、南閻浮提都是我的，辦得到嗎？因此，要見如來，你的身心得先離分別。所以佛是離開的，佛的身、口、意都是隨智慧，覺是覺悟了，覺悟了都是光明的，那才能達到光明徧照。約衆生說，你知道諸佛怎麼修成的，知道佛的功德，常念佛的功德，不要在自己的身上去分別，盡在自己的身心上打主意。念佛是學佛的身心，念佛的功德，念佛怎麼修行的。學佛最大的敵人是什麼？懷疑。我們有好多道友在笑，相信嗎？

很多道友跟我這樣反應，說念《地藏經》念不得，盡是鬼神。哪個鬼？哪個神？《地藏經》是在什麼地方說的？我們普通說玉皇大帝宮裡說的，小鬼進得去？你想想吧。例如中南海，中南海是中國共產黨的最高領導機關，一般人能進得去？他們說什麼事我們能知道？以這個爲例，你就可以知道。《華嚴經》所說的，說到現在，全是大菩薩。我們所認識的文殊師利菩薩，說五臺山是文殊師利菩薩的道場。我們現在念了好多，像東方世界無量無量文殊師利菩薩，哪只是小小的五臺山呢？要信！你要想見如來，先得身心離開分別，身心都在分別，對一切法都懷疑。我們好多讀《華嚴經》的道友，有的讀了好多年，有的拜了好多年，相信沒相信？如果你相信了，你拜的是《華嚴經》，你念的是《華嚴經》，你有一分感，就有千分萬分的應，可惜這一分感不夠，爲什麼？分別心理。一邊磕著頭，一邊打妄想，一邊念著經，心裡跑別處去了，這樣效果不大。對佛所說的教授還懷疑，懷疑你就沒辦法通達，你把懷疑解完了才能通達，不通達就有滯礙。當然這是文字，文字含著有一定道理的。

我們頂好多要求自己，說到這句話，我有這些感受。感受什麼呢？我們有好多人懷疑佛、菩薩不靈，這個懷疑普偏都存在的。經上說的，念了這部經，有好多好多功德，他來對照他自己。我念了一百部，或者念了一千部，或者一天念十萬聲。經上說，一天念我名號一萬聲就得到感應。一萬聲你怎麼念的？地藏菩薩說讓你念一萬聲，還有《地藏經》說讓你喝地藏水，釋迦牟尼佛跟觀世音菩薩說的，還會打妄語嗎？你也喝了，也照著做，智慧沒有開，沒有得到宿命智。

有人這樣問我說：「老法師！《地藏經》說得很清楚，釋迦牟尼佛跟觀世音菩薩說，誰要供地藏菩薩一杯水，喝了就能得到智慧。」我回說，還有下文，喝了水了之後，「酒肉邪淫及妄語，三七日內勿殺害，至心思念大士名」，我問：「你做了幾個？」你光喝水，還有好多事要做！你照樣吃肉，照樣說瞎話，照樣打妄語，之後要那智慧水生效，要得宿命智，知道自己過去生，還要開智慧、弘揚正法，哪有那麼便宜的事？

你學法、看經，不要光知道那一、兩句話，全文是什麼意思？我們好多人念經，總認爲效果不大，經上說的話你都沒做，效果怎麼會生起？不論念〈普門品〉也好，〈普賢行願品〉也好，菩薩告訴你怎麼作？他給你示範怎麼作的？你沒照他說的做，你要想得到他那個利益，能辦得到嗎？所以不要懷疑，「永出諸疑滯」。講到這句話，我生了好多感觸，不是發牢騷。別人說你一感觸了發牢騷，不是的，這是說說經驗。

你想跟佛一樣，還不說是證得，你得學，不要分別。如來是身心離分別的，你見佛就起分別心，有沒有？同樣是釋迦牟尼佛，這尊像塑得好，這尊像差點。這尊像是金的，這尊是泥塑的，分別心就來了，因此讓你離分別。你能觀想我身就是佛身，我心就是佛心，《華嚴經》是這樣叫我們作的。這樣你對一切法，才沒有懷疑，沒有滯礙，才能行得通。

一切世間中　處處轉法輪
無性無所轉　導師方便說

這一個偈頌告訴你，顯法的功德，顯法的殊勝，顯法的普徧，在一切世間中，一切處一切時，處處都在轉法輪。轉即無轉，無性無所轉，一切法界之內徧轉。無相是行寂滅，寂滅就是無所轉，雖然無所轉，佛還在日常生活中如實說，於一切處轉法輪。那是方便，「導師方便說」，假以言詮、言宣，言宣是用言語表達你應該怎麼怎麼樣作，等你作的時候，這言語就不要了，是假的。作的也是假的，等你證得了，連作的也不要了，前面的方便都不要了。佛在《金剛經》上說：「知我說法，如筏諭者，法尚應捨，何況非法。」坐船過河，過了河還把船背著嗎？這個道理誰都懂，這是佛的方便說。

每一個偈頌，每一句話處處顯覺、顯光明，你不要懷疑，不要自己給自己生障礙。語言文字是讓你達到一個目的，達到光明、覺。證不到，信就可以了，就是讓你信，不要懷疑。不管文字、偈頌，有時候說深，是約佛的方面說深，佛所證得的光明，佛所證得的正覺，那是深了。你從自己現在著想，從淺處入手。我們講《華嚴經》，《華嚴經》告訴你們圓滿教義，圓滿教義還是從淺處入手，現在還讓你生信心入手。不要剛聽到《華嚴經》就是圓滿大意，什麼都不要了，這是絕對錯誤的。好多道友一學《華嚴經》，佛也不念了，也不禮拜、磕頭了，我就入了法界，哪有這個事！好多學教的道友，把大乘、小乘分得很清楚，究竟自己是哪一乘，先搞清楚。

千萬莫學過去祖師的行爲，祖師他是證得了，證道了，可以訶佛罵祖。丹霞劈佛，你去燒吧！你若拿佛來燒，非下地獄不可。丹霞燒的不同，若是你燒就不同。有些逆行我們不能學，不能去作，不能去說。你看看人家那志向，你可作不得，這是有因果的。說你因果都泯滅了，沒有因果了，可以。你達到那個無分別智，燒即無燒，那可以，你燒吧！你若燒了可不行。圓滿，是圓滿最初開始那個不圓滿的，這才叫大教的教義。現在你沒有達到，把苦集滅道也捨了，這是小乘，我學華嚴的，哪有苦集滅道？試試看吧，腦殼痛得你，不吃藥，不找醫生，痛你還是叫喚吧！

學法，沒得道，千萬莫造罪。往往攙加了很多謗法，三寶弟子謗三寶，或者你們說我說這話是錯誤，回想自己的語言，回想自己一下子，身體所作的，再想想自己心裡所想的，你是不是在毀謗三寶？大話誰都會說，做起事來，一步一步走吧！福沒有修到，還造了很多的業，不但沒有成道，入了佛門，反倒生起很多新的業。

本來是學法，學法應該有功德，但是造了很多的業。學法者謗法，對這些問題，大家應該多注意一下。我也不管人家怎麼批評我，我的認識還很淺，我感覺這是要說的，學法要會學。

你入到世間，不要被世間迷惑了，看世間相，認識它，不要受它的害。你到台懷鎮也好，到太原也好，到北京也好，看著很熱鬧，心裡千萬莫執著，莫被它轉了。你沒有力量轉它，佛菩薩有這個力量能轉它，那也得有緣，沒緣也轉不了。他不信你，你能轉得他嗎？我們轉不動別人，自己千萬不要被他們轉了。離世間雖然沒離了，心裡不被世間所轉，不讓它把你迷惑住，做還如是做，因為你是個人，生活在人當中，衣食住行，但你心裡頭立定主意，立定什麼主意呢？我是學佛者，明白這是有害的。為什麼是有害的，還貪著它呢？有這個觀照就很不容易。

今天說到這個偈頌，佛在轉法輪，佛在利益眾生，我們不要有疑惑。法的意思是教授我們除疑，是破障礙的，是破執著的，讓你認識一切世間。認識世間是讓你的心能轉變客觀現實的環境，你認識它之後，再讓現實環境轉你的心，那你學佛有什麼用處？一點用處都沒有。大家在這個問題上要多觀照。

學佛法的人，我囑咐大家，千萬莫謗三寶！我發現謗三寶謗得厲害的就是三寶弟子。我說這話可能有過錯，但是我是囑咐大家，自己做不到，要懺悔，莫生毀謗。哪一法你做不到，人家成道的，人家依著這一法成道的很多，禪教律密淨，哪一教哪一法，你千萬都不要謗毀。你特別要記住，不要學這個，就這個好，其他的都不好，謗法的罪過很大。我們住普壽寺，向人宣傳我們普壽寺最好，你們那些廟都壞得很，這就完蛋了。光你普壽寺能立得住嗎？這道理一定要懂，不要自讚毀他，學戒律的知道，這是自讚毀他。

道友之間，你沒有智慧，看不見人家的功德，你多看人家的功德，不要專挑人家的毛病。要挑自己的毛病，挑自己的執著，挑自己的不夠。不要挑別的道友，謗僧！你不知道人家是哪一個佛菩薩示現，你把每一個你看到最不好的，你當成他哪一個佛菩薩示現，你的功德無量，他就是菩薩。是你的心識，不是他的心識，如果你看到每個道友在這，哪有不順，你在這裡頭哪找釋迦牟尼佛？釋迦牟尼佛在，文殊師利菩薩在，你認得嗎？爲什麼打千僧齋？打千僧齋，文殊師利菩薩一定到場。其實打千僧齋，我們念〈光明覺品〉，你看看有好多文殊師利菩薩？無窮無盡，十方微塵數佛刹，不是一方，而是十方微塵數佛刹，都是文殊師利菩薩，都是不動智如來。以這樣的心量、這樣的氣派學法，你雖然沒有得到很大的益處，你也種了善根，千萬別在這裡造業。造業可大了，這個業很難懺悔。

於法無疑惑　永絕諸戲論
不生分別心　是念佛菩提

文殊師利菩薩所說的入信法門，這一段經文就是一個方便善巧，說佛的功德。文殊師利菩薩讚歎佛的功德，讓一切衆生生信，對於佛所說的一切法，不要生起疑惑的心。對於佛法說有說無、說生說滅，不能覺法之自性，都叫戲論。應當念佛的菩提法，覺悟自己的本體，離一切分別相。心裡於法上沒有疑惑，就是不動搖，不產生戲論，不產生疑惑。在法上無戲論，能夠契入佛性的本體，也就是回歸於自己的本心。因此說性說相契理，契合自己的心，契合佛的心，這就叫離戲論。因爲現在我們所有學的，心裡頭在法上不能覺了，不能覺了就是有疑惑心，不要起疑惑。不疑惑就是沒有分別知見，一心念佛的菩提果！這個偈頌是要你在法上不要生起疑惑，不要有戲論，說有說無說生說滅，這都是生起分別心的。直心正念眞如，這只是說信，我們現在講〈光明覺品〉，是讓你信。

了知差別法　不著於言說
無有一與多　是名隨佛教

承上面的偈頌，怎麼樣無疑惑呢？在差別法中不要隨言說轉，說多說少，說大說小，這是不順佛教的。佛在方便善巧之中，說大說小，說多說少，是對比的法，那是方便善巧。方便善巧，感到華嚴的義理，讓你生起信心的時候，不要在這個上頭生起疑惑，應知道法離言說相，離名字相，離文字相。這些只是讓你生信，不是我們一下子就能契入、就能信，這是眞實的。聞法的時候要契合你的心，心觀眞實諦，不要在言說上起分別，不要在一與多、大與小、是與非這上面起執著！去除執著，才能夠隨順佛眞實教導的華嚴義。

多中無一性　一亦無有多
如是二俱捨　普入佛功德

這是對比法，因爲一才說多，因爲多才說一，多中應有一。多是因爲有一，一是因爲有多，多中應有一，一中應有多，這都叫對待法。前面講戲論，要是在這上起執著就是戲論。現在我們講「多中無一性」，多中無有一，一無重故。就是一無所重，一中沒有多，多無所重，多不是因一而生起的。涵義是一也要捨掉，多也要捨掉，因爲在性體上沒有一多的分別，沒有這個差別。圓融義，入一即是入多，多攝爲一。《華嚴經》經常說普入一切法門，入一法門就是入一切法門，入一切法門還歸於一。這個一是約性體說的，要你捨掉二邊，二俱捨，一要捨，多也要捨。「如是二俱捨」，捨開名字上的一和多，這才能普入。普入什麼呢？普入佛的境界，佛的功德就是佛的境界相。這兩個偈子連起來說，「了知差別法」，是不執著的，是言說上的，也沒有什麼叫多，也沒有什麼叫一，「無有一與多，是名隨佛教」。離開文字相，離開語言相，多沒有自性的，一也沒有自性的，約一約多，它的性體上沒有，所以從性體上來講，「如是二俱捨」。入佛門的，入一即是入多，普入一切法門。舉例來說，如果念佛，你念一句阿彌陀佛，就具足一切法。是從什麼上具足的？從自己性體上具足的，這是佛的果德，只是讓我們生個信，相信佛的眞實說。文殊菩薩囑咐我們要相信，信這種眞實的道理。眞實道理，一也是相，多也是相，就是這一切差別相。佛的體性，沒有差別相。

眾生及國土　一切皆寂滅
無依無分別　能入佛菩提
眾生及國土　一異不可得
如是善觀察　名知佛法義

無論約衆生的正報，國土是它的依報，正依二報，寂靜的！都是一個佛性，就是一個體性，在法叫法性，在佛就是佛性。你要想進入佛果德，悟入佛的道理，把一切分別相，回歸自己的體性，回歸諸佛的果德，讓你用智慧契入。依報正報都是寂靜的，單說「如」，不說「來」，「如來」兩個字分開，把一切「來」，都歸於寂靜，都歸於「如」。「如」就是利益衆生的事業，「如」就是佛的本份，這種道理文殊菩薩教授我們說，一切衆生跟他的依報國土，說一，不可以，不是一。說異，也不是異，一異不可得。就是不可說、不可說，這是佛的果德。

光明覺，你如果覺了，大智現前，這時候隨緣利益衆生，說一也可以，說異也可以，以後就自在了。自在，你還沒有入到自己的體性，沒能理解佛的甚深義理，說一說異都不可得。入了極樂世界，跟娑婆世界是一？是異？說一不可以，爲什麼？極樂世界，無論約依正二報，都是莊嚴的、殊勝的、清淨的、無垢的。我們這個娑婆世界，特別是極樂世界所有的，一樣都沒有。不同，當然是異。從佛的果德上講，釋迦牟尼、毗盧遮那、阿彌陀佛，就體上講，一切衆生的體是一，一體。種種的差別，是妄，虛妄不實的。換句話說，寂靜的體性上是沒有。這是約體性，我們以前講過「性空緣起」，在性空上講一切都不安立，在緣起，一切法都安立。

讓我們相信佛的果德，相信佛的菩提，是無一無分別的，不要起分別念。前一個偈頌告訴我們於法無懷疑，但是這個偈頌裡所說的，我們就會產生懷疑。沒有入到體性，我們只是從相，就是現相，我們只是從有爲方面，還沒有進入無爲。要想契入無爲，必須捨棄有爲。這個道理就是「緣起性空」、「性空緣起」。在我們講「緣起性空」、「性空緣起」的時候，大家就能體會到這個義理，差別是建立在無差別上，差別正是顯示無差別，無差別是成就差別，成就一切相。佛的菩提法，無論約依報國土，正報身心，同是寂滅的。寂滅不是斷滅，而是智慧光明，我們講光明，「光明」底下加個「覺」，你覺悟了，認識一切法，無一無多，無別無異。現在我們在因中，只是讓我們信，這個信心很不容易生起。

前面念偈頌的時候，第一個就告訴你「於法無疑惑，永絕諸戲論」，絕了戲論，你能入一法；有了戲論，一法入不到，說一說多，說種種八萬四千法門。現在我們在這個法門當中，佛所說的很多教法當中，有選擇。一會聽到這個，那法高，就學那去了，一會聽著密，又去學密，密裡頭也很多，這個咒究竟，那個咒不究竟，你這個用了很長的功夫，把這個給丟了，又去用那個新的，這都叫疑惑，永遠入不進去。應當怎麼樣？佛法沒有什麼大乘小乘，這是隨眾生的知見，度他的因緣。哪一法你都可以修，一門深入之後，這種道理你就知道了，你了解差別的所有諸法，都是言說相，隨眾生心而起滅的，找一找異不可得。

剛才講極樂世界跟娑婆世界，說一不是一，說異，沒了佛性、沒了法性，不能契入眞如之理，也就是不能回歸自性。但是你要善觀察，善觀察就是思惟修，觀就是三昧，就是覺。覺悟了觀察一切法，察是考量的意思，察看、察思、察觀。觀察就是察觀。觀察一切法的生起跟還滅，你要善於觀察，這樣子你就能知道佛法義。佛法義就是覺悟光明，它的道理是什麼？有情還可以說，人可以能修成佛，山河大地怎麼能修成佛？它是依報！特別在依正二報，依報跟正報不是一樣的，依正二殊，不是一個，有情跟無情怎麼能合一？這是我們的疑惑。文殊師利菩薩教我們，一切法無自性，依著眞實體性而建立，你必須契入，眞正入佛菩提，你才明了這種道理。依法，依報跟正報，一個有情，一個無情，怎麼能合為一？這種道理是從你的心，講心法，如果你的心全住在境上，心住到一個境，比如發財、求財富，開大公司，大公司是依報，你這個心、身體是正報，這兩個不是一個。當你得全心全意注重在公司上，等公司垮了，你的正報隨著依報也就消失。因為你把自己的身心注重在一點上。

以前有位居士，他的財產都投在做運輸的一條船上，運的都是重要物質，公司的資本全部在一條船上，因此他非常注重這條船，怕這條船出問題。可是這條船恰恰出問題，從法國回國之後，進入山東威海外，這條船在這裡沈沒了，船上的人、所有的寶物全都沈沒了。這時候他還很悠閒地在花園裡頭坐著，那電報一遞給他，說這船沈沒了，他拿起電報這麼一看，死了。其實那條船沈沒了跟他有什麼關係？那是物質，依報，但是正報隨著依報消失了，也沒有了。這叫什麼呢？事奪理。這是事，他的生命因著這個就斷了。

翻過來，五臺山高妙峰禪師，他修道修成了，但是有一個鉢，是皇上賜給的鉢，他很愛這個鉢，心有所住。等他的壽命到了，小鬼來拿他，找不到他，因為他入了定。大家知道定的時候，身心世界歸於空寂。但是心愛的沒有完全放下，還有個鉢。土地公公告訴黑無常、白無常，一敲鉢，他就出來了。因為心有所繫！這個鉢就是他心所繫的，其他的都沒有愛好，有一愛你也走不了，小鬼就把他索上了。問小鬼怎麼把他抓到的？小鬼說：「你是假修行，還有愛，有愛你就走不了。」我們一聽說愛就想到男女關係，那是錯誤的，愛是普徧性的，愛什麼都算。包括愛佛，愛佛還錯誤嗎？不錯！修禪宗的人，有繫念就不行。

大家知道丹霞祖師劈佛，他要度那間廟的住持和尚，那位和尚一天都在拜懺，他把木製的佛像，觀成眞佛了。丹霞祖師爲了度他，把佛像拿著劈了燒了，那住持還不跟他打架？「怎麼把佛像燒了，你這個出家人！」丹霞說：「這是佛像嗎？我燒的是木頭，沒有燒佛。」你怎樣理解？那個住持問他說：「爲什麼要燒佛像？」丹霞說：「我在找舍利，想供佛舍利。」住持問：「木頭裡還有舍利嗎？」「木頭裡沒舍利，沒舍利是假的，我再燒一尊吧！」

大家想想這是什麼涵義？那個住持聞他這麼說，就開悟了，目的達到了，丹霞祖師是來轉化他的。不要著，佛性不是在相上起的，懂得這個涵義吧！佛法不是從相，不是從語言上面取的。我們拜懺、念佛、觀照、修定，那都沒有用，不是這樣的意思。在懺悔業障的時候，有業才有執，有執才有著，著住了不放，解脫不了，這叫沒有智慧，沒有覺。現在這一品是講「光明覺」，光明全是智慧，從光明裡撈個實體，有嘛？光明當中有個實體嗎？覺悟就像光明一樣，光明形容智慧，覺悟是你的眞實實性，也就是《華嚴經》講的一眞法界性，就是一眞法界。一般講界是界限，在佛經講界是生起義，界能生起一切法，就是法界。一切法又歸於界，心生則種種法生，心滅則種種法滅，這叫善觀察。

若能這樣觀察，才知道佛所說的教法，它的義理是什麼。我們一說佛，或者入涅槃也好，我們就講苦集滅道的滅，我們一聽滅就是沒有了，寂滅不是沒有了。我們一聽空，就聽成是虛空，空了就什麼都沒有。空不是沒有，而是最究竟的歸宿。這才是佛法的眞義。佛是覺悟的方法，覺悟方法是什麼呢？是智慧。證得智慧，證得涅槃，證得寂靜。文殊菩薩現在給我們說，叫我們信。說是證得契入，那還早。

前面說佛的果德，說佛的依報、佛的出現、佛的世界，華藏世界，乃至世界是怎麼成就的，現在說到這些是讓我們信，這叫「光明覺」。這品講完了，下品就是「問明」，問怎麼樣能達到這個明，這叫〈菩薩問明品〉，還是文殊師利菩薩說的。之後是〈淨行品〉，一百四十一大願，你得發願，不是立即就能明白，那可就是事了，吃飯穿衣，屙屎撒尿，一天你所作的，乃至喝口水、洗把臉、洗洗手，都要發願。到〈淨行品〉大家就知道了，洗手也得念個偈頌，上廁所也得念個偈頌，吃飯也得念，吃飯我們都念了，大家都知道。要觀，觀裡頭發願，念什麼呢？舉個例，你上洗手間，「大小便時，當願眾生，棄貪瞋癡」。讓你去掉貪瞋癡，也願眾生都去掉！有一百四十一個願，成就現在我們所說的這個光明覺，成就這個覺悟。

爾時光明過百萬世界。徧照東方。一億世界。南西北方。四維上下。

亦復如是。彼一一世界中。皆有百億閻浮提。乃至百億色究竟天。其中所有。悉皆明現。彼一一閻浮提中。各見如來。坐蓮華藏師子之座。十佛剎微塵數菩薩。所共圍繞。悉以佛神力故。十方各有一大菩薩。一一各與十佛剎。微塵數諸菩薩俱。來詣佛所。其大菩薩。謂文殊師利等。所從來國。謂金色世界等。本所事佛。謂不動智如來等。爾時一切處。文殊師利菩薩。各於佛所。同時發聲。說此頌言。

十佛剎微塵數，一個佛剎是三千大千世界，把三千大千世界抹成微塵，一個微塵，我們就說來的菩薩，國土不說，佛剎不說，一位菩薩帶的眷屬，有十佛剎微塵數那麼多菩薩跟他一起來。我們不說太大了，就我們這個法堂，挖到地基，見了水，都把它抹成微塵，若不是佛的智慧，誰能數得過來！要把十佛剎微塵數，一個佛剎是三千大千世界，把十佛剎微塵數都抹成微塵，一微塵一菩薩，不止我們這個法堂，恐怕南贍部洲也擱不下。如果拿我們觀點來說，我們這個法堂的微塵，恐怕比地球上的人類，乃至包括畜生都多得多，你說好多微塵！微塵是很細的，特別是鄰微塵，鄰微塵是將近虛空，肉眼是見不到的，叫鄰虛塵，將近虛空。

就此同來的菩薩不可思議，不是我們的境界所能見得到的。我們聽經，來就來一個人，你還帶你世界微塵數，帶那麼多人來。這個現有的世間相，以我們的智慧沒法了解，若想明白，你得什麼樣的智慧？這不是學來的，學來的都是假的，要悟得的，把你性體本具的智慧發揮出來，才能明白了。這是大體說說而已。我們天天都在念，念《華嚴經》的道友，或是念〈普賢行願品〉的道友，他一來就是十佛剎微塵數，三千大千世界微塵數，數字是拿這個定位的，不是一個兩個。

這是有爲的，我們沒辦法知道；無爲的，我們又怎麼能達得到呢？知道這個涵義，就知道我們的智慧，我們的分別心，我們現在所理解的能力，非常有限。現在好多世間相，我們沒法理解，必須從理上，事法界、理法界，我們現在在事法界，沒有契入理法界，事法界也沒辦法懂到。我們假使跟一個人說話，說你不了解你自己，沒有一個人能接受。自己還不了解自己，你了解？沒有一個人了解自己，文殊菩薩當然了解，一切諸佛當然了解。這要求知，就是求光明，求覺悟。現在，我們信就好了，莫要懷疑，這是佛說的。信的功德，信爲道源（或作「元」）功德母，能夠生長一切善根。到一定時候，你修成熟了，自然就明白了。十信位滿了，到十住，你就明白了。那個明白是相似的明白，不是眞實的明白。

智慧無等法無邊　超諸有海到彼岸
壽量光明悉無比　此功德者方便力

「智慧無等法無邊」，涵義是指你要證得這個法身，信入這個道理是眞實的，這個信很不容易！信諸佛證得究竟，證得這個法，這個法是什麼呢？這個法就是心，證得這個心，才能知道無邊際。能夠在有爲如大海當中得解脫，解脫就自在了。我們是受束縛的，我們的知受束縛，一切行爲都受束縛，很不自在，因爲這個身體使你不自在，這個身體假合的，使你解脫不了，不自在。

每位道友，每天都有煩惱，不論誰，因爲你有肉體的局限，沒有解脫之前，煩惱是有的，解脫還有一個等級一個等級的解脫，解脫到成了佛了，究竟解脫了，沒有障礙。在有爲法當中，你沒有辦法解脫，必須證到無爲。一個是你的智慧，一個是你所理解的法，你可以想達到有爲事中得解脫，到了成佛究竟，到了涅槃。

我們經常說，從此岸到彼岸！大家都會背《心經》，《心經》後面的咒：「揭諦揭諦，波羅揭諦，波羅僧揭諦，菩提娑婆訶。」從此岸到彼岸，那就是涅槃彼岸。我們這裡是有生滅，到彼岸是無生滅。我們的壽命是有限量的，人的壽命能活三百歲，可是你消耗太大了，一百歲都還活不到，還有你過去業的大小，活不到了。佛的示現，若看佛的法身是同等的，佛的報身不一樣的，不是佛，是在衆生。

釋迦牟尼活八十歲，西方極樂世界無量壽、無量光，壽命無量。佛還沒有在這個世界示現，阿彌陀佛早就成佛。不是佛佛道同嗎？不同。毗盧遮那，阿彌陀佛的法身，跟我們都是同的。但是在應化用的上不同了，拿世法比，我們有做工的，有務農的，有學科學的，學無爲的，還有當和尚、當比丘尼的，同嗎？不同。但是有眞身，有應身，還有化身。法身是同，報不同，報就是應。報完了又有化，化身不同。我們的法身、我們的報身、我們的化身，我們的法身跟諸佛都同的，但是我們的報身不同。佛是德報，利益眾生的功德是報感的，我們是業報，各人的業障不同，業報不同。

我們的化身是什麼呢？每天的生活就是你的化身，各各的化身，同是報都是人，人就是報。但是這個報有享樂的，有受苦的，有知識份子，有農村的。好像生到農村，你的報就不同。有沒有特殊的？有，但是很少。雞窩裡頭生鳳凰，以前在農村若出了個秀才，現在農村若出來個大學畢業生，很不得了。可是大學畢業生又如何？他的業報不足，失業了。或者創業了，創得很好，開大公司，這樣很少，因爲他的報給他限定了，生處不同。學佛之後，從佛的教導中才知道，不學佛你怎麼知道。這叫化不由己，化是每個人的作用。

我們同一個班的道友，預科班、初級班、高級班，同是出家的。發心出家都很難，人家收你不收你，誰給你剃頭，找位師父就很難，找間廟很難。到客堂要求出家，不是那樣就允許出家的。有的一步登天，到這就出家了，出家就受戒了。「只有因緣莫羨人」，各有各的因緣，羨慕也沒有用，你得不到。

我們的願望很多，就是你的業。你的業跟佛的業，都叫業。他的作業跟你的作業，自作業盡是爲自己，他作業完全是爲了眾生，這兩者根本就不同。第一個不同，他知道我所作的業是緣起的，全是假的，不是欺騙你，而是告訴你，你所作的全是假的，包括你所學的佛法。佛法得你去證得，佛法是覺悟的一個方法而已，方法不是事實，你得照著這個方法去做，做了成就了，這才是事實。方法只是個方法而已，告訴你怎麼做，做好做壞還是一回事。你的應身跟你的眞實法身，跟你的化身，各人的作用不同，看你做得好、做得壞。

同在一間寺廟，同在一個班裡，一同學習佛法，有理解深的，有理解淺的。大家坐禪堂，一直都在坐，人家是開悟了，你是耽誤了，還得去流轉。同樣住念佛堂，人家死時就生到極樂世界，你死了可能還墮到驢胎馬腹，或墮哪一道去了。看著是同，其實是不同。看著是不同，實際上說到法身又都同。這種道理，在佛教裡這種道理，好比初信佛的在家居士：「師父，你們說話沒有標準哪！」我說：「什麼是標準？」他說：「你一會兒說東，一會兒說西，一會兒說南，一會兒說北，方無定方。」我回答說，我們這是東邊，在美國是西方；但是在我們這裡看日本是東方，我們這裡是西方，哪有一個標準？誰來定標準？人是標準吧？人不幹人事，幹的是畜生事。有人懶得不得了，一天睡大覺，跟豬有什麼差別？有的什麼也不幹，跟豬有什麼差別？標準定不了，什麼標準來定呢？心哪！同樣學、同樣聞、同樣作，次第不同。甚深道理，你從淺方面可能能理解得到。

例如我們現在一班同學，五十個人，總有考第一的，總有考第五十的，不可能五十個人都第一。我看比賽球，總有輸家，不能全是冠軍。冠軍是怎麼建立的？冠軍是建立在人家頭上。你要想幸福，世間財富有限，你這個幸福是建立在人家腦殼上的，不是這樣嗎？這個道理從世間淺顯的事實，你可以理解。各人有各人的報，各人有各人不同。過去有句俗話，膏藥是一張，熬煉的不同！人家那膏藥熬煉得好，就能治病，你這膏藥熬了半天，費了很大勁，還不賣錢，治不了病，貼上也不好，看你怎麼做。這就說了，看你怎麼做，看你明了不明了。

所有佛法皆明了　常觀三世無厭倦
雖緣境界不分別　此難思者方便力

覺悟的方法他都知道，「常觀三世無厭倦」，過去、現在、未來，常時如是觀。觀就是照，常觀就是照。你對佛法能夠明了，這就叫寂，寂照。你得的是性，沒有起到妙用，得到妙用就是照。三世是過去、現在、未來，常時如是觀，現在的過去現在未來，未來的現在過去未來。你觀吧！所有佛覺悟的方法，你都明白了。明白之後，三世根本是沒有的，假設的，不然怎麼劃分呢？我們現在這個時間，是現在？是過去？是未來？大自然沒有過去現在未來，是人劃分的。現在快到五點了，我們剛來坐這是四點，誰給定的？大家通通的認爲，這樣來定個時間，定個標準，大家幹什麼事，有個標準，實際上沒有。沒有劃分，這劃分也不一定的。我們這是下午，快到五點，美國舊金山跟我們相對的，它現在是早晨快到五點。它是早晨，剛才他那個地方十一二點給我打電話，正是我們夜間十一二點，我們正睡大覺，他認爲我們這是十二點，白天，可是我們這兒是夜間。懂得這個意思，對於佛法所說的三世觀點，你明白了。

外緣的境界相，不要去分別，但隨著世間相，你不分別不行。佛制戒也如是，像我們男衆，比丘跟比丘尼，不分別不行。像我們遞個東西，還得擱到桌子上，不能直接拿來。說過午不食，這個午是什麼時候定的？哪個算午時？我們這裡是午時，他們是夜間十二點。在哪個地方說哪兒的話，隨處而定的，這個緣的境界，沒辦法分別。這分別不能成立的，是假的。看在什麼地方，看在什麼時候，你這話說得還有用，這個事還有用；你換個處所，換個地方，就沒用了。

我們講男女受授不親，離開這個場合，還不說是社會，就是佛教寺廟，除了普壽寺，另外你找一間寺廟，男衆和女衆不能說話，也不能交通，拿個東西，先擱這兒，不能直接遞給你，沒有！什麼原因呢？法無定法。對於外緣的境界相，不要太認眞了，都是假的。佛制的戒？佛制戒也是假的，佛說也是假的。假的，我們學什麼？你這個比那個假，拿這個假換你那個假。你這個假會下地獄，那個假能生天，或者能生極樂世界。雖是假的，假跟假的不同。懂得這個道理，就看緣法。

人跟人不能比，貨比貨得扔，你這貨跟人家那貨比，人家那貨值十塊錢，你這貨一毛錢也沒人要，你把它扔了好了，這是世間相。但是一切緣境界，你若去分別，累死你了，沒有辦法。怎麼辦？不分別。這是諸佛菩薩教授我們的方便善巧。我們經常說觀，你對一切法，一天的生活當中，不離開觀照。這個觀照就是智慧，看你觀照正確不正確。正確的，不用自己的觀照，自己觀照是我見。那用什麼？文殊菩薩怎麼告訴我們的？那全是智慧的，照他說的去做，沒有錯，能解脫。

我們經常說念佛，念菩薩，學法，求加持，三寶加持力是不可思議的，信不信？信！你得到利益，得到好處。不信！佛菩薩不會責怪你，那個特殊的利益、特殊的好處，你得不到。我們經常說，定業不可轉，三昧加持力。有沒有加持？佛弟子認爲絕對有加持。

我們求病得好處了，婦女有婦科病，不能生育，醫生沒辦法，她求觀世音菩薩，觀世音菩薩就給她送個兒子，你信不信？這叫三昧加持力。因爲你的信仰，轉變你的業力，還不說你修行。這叫什麼呢？這叫難思方便力，諸佛菩薩善巧的方便。有沒有求的不靈？不是菩薩不靈，是你求的感不夠，感應感應，感應兩個是一對。我們現在講沒有感應的，但是在世間相上，必須得有感應，這叫緣的境界。在緣的境界，你不起分別，那個功德效果就大了，我們是在分別當中得利益和不得利益。現實境界，大家信不信？上回作法會的時候，五臺山各各寺廟都分配任務。我們普壽寺的任務是什麼？法會那天別下雨，我們的任務就是這樣，靈沒靈？那天就是沒下雨。早晨還很陰，等開大會的時候，天晴氣朗。他給我們的任務，完成了。你說有感應沒感應？法會過了它又下了。一切事物就是這樣子，不可思議。

我們求了生死，這可不容易了，誰也不知道你了了沒有，自己知道。了生脫死，能了得了嗎？能脫得了嗎？現在你就脫了，怎麼脫的？你心裡不在乎，活著很難受，還不如死了好。那些自殺的是怎麼自殺的？他跟我們的心情不一樣。他那個自殺不是自然的，不是還報的。我們求法的、了生死的，等死了以後才了生死，不是的。了生死是你學了佛之後，把生死看得很淡，對死並不畏懼。我們是求死的！有這樣答覆過人家嗎？有在家居士問說：「你幹什麼呢？」「我求死，不求活著。」怎麼求死？佛告訴我們的方法都是求死的，不是求活著的。了生死，我們就要了，對死無畏懼，你遇到危難、苦難的時候，不要怕。有業報的，你不該死到這個地方，怎麼也死不了，你想死也死不了。自殺的呢？有他自己的業報，還有他的冤家債主，知道他死的時候是什麼景象嗎？

有時候看看〈閱微草堂筆記〉、〈聊齋志異〉，有些人看著是沒用，我看著很有用，心裡能明白，了一切世間法。你看電視，為什麼會出這麼一件事？遇緣，惡緣成熟，這個事情就發生。一緣不具，有五緣、有六緣，你們學戒律的知道，五緣成犯、六緣成犯，有的到八緣完了才犯，中間少一緣，少兩緣不犯，緣不成熟。你懂得這個道理，你知道不是佛菩薩法不應，而是你不理解。是應了，你求什麼都應，拜懺有拜懺的效果，念佛有念佛的效果，學法有學法的效果，你心裡現在很明亮，很清涼。你很熱的，身上又出汗，夏天的時候溫度特高，吃個冰淇淋，感覺很涼快。你在熱惱當中，聞到佛所教授我們的方法，說緣起的境界都如是，就是這樣子，該受！自己願意受，不苦，信不信？鍛煉一下。

今天早晨有人問我：「在監獄住著苦不苦？」我說：「不大什麼苦，跟你們差不多。」你現在生活，你認為它是苦它就苦，你不認為苦它並不苦。如果在家的，不信佛的，看見我們比丘、比丘尼，他說好苦好苦。我們感覺比他快樂得多，可是他不理解。苦和樂是沒有標準的，世間一切法沒有標準的，看你心裡怎麼樣思惟，看你怎麼認識。前幾天有位道友問我，他一天過著感覺時間很長。他問我，我說感覺時間很短，現在九十歲了，感覺就在眼前。從六歲開始，六歲以前不記得了。六歲以後，我感覺很短，九十年一晃就過去了，剎塵一念，一念剎塵，你的作意，你的執著。懂得這個道理了，對緣的境界不去分別，這是方便善巧的智慧。

樂觀眾生無生想　普見諸趣無趣想
恆住禪寂不繫心　此無礙慧方便力

這些偈頌最後都加個「方便力」。文殊菩薩教授我們，理和事是無礙的。觀眾生無生，想是理，觀眾生是事，事法界，無生是理，把事回歸到理上，這叫方便。

理是什麼呢？就是心的觀念。在作這樁事，心裡怎麼想的？如果是在座的聞法，「聞法功德殊勝行，無邊勝福皆迴向」。但是聞法是怎麼理解的？希望聞法的功德，讓我回去生意好一點，讓家庭美滿一點，兩夫婦正在鬧離婚，以這聞法的功德，使我們不離婚，歡歡喜喜地過日子，你們想的是這個。我們出家人所想的，「聞法功德殊勝行，無邊勝福皆迴向」，迴向自己開悟、光明、覺悟、成佛。有沒有出家衆迴向在家的？有，很多還俗的，想七想八的，想的可多了，迴向的不同，就看你怎麼用！這個功德有了，看你拿它怎麼用。我們讓功德再增加功德，更清淨，早成道業，這是絕對正確的。有的迴向得世間的福報、或世間的享受，一得就用完了，福報是有盡的。

觀一切衆生不作衆生想，這是從事上觀想到理，觀想六道，畜生、餓鬼、地獄，「普見諸趣無趣想」，平等平等。這是非常有好處，對你受用很大，在任何困難當中，比如說在受苦難的時候，不作苦難想，作什麼想呢？哎！我可消災了，這下子可好了，債還完了，我就清淨了。還完了，我就要成佛，我就成道了。這樣想的時候，心裡不但安定，而且非常愉快，有希望了。痛苦的境界沒有了。乃至受傷，或者病苦，發高燒最高點的時候，四十度、四十一度，接近死亡了，這時候你要想，這下可好了，我快成道，快離開煩惱世界，不但不感覺發燒，還感覺心地清涼。信嗎？試驗一下看看，這叫「普見諸趣無趣想」。

「恆住禪寂不繫心」，「恆住」是長時間的，不是短暫的，不是說我們一般理解的，禪寂就是閉上眼睛打坐，這叫禪寂，這個禪寂是一般性的。怎麼樣算禪寂呢？你在這裡聽課，入了定，聽著聽著，還在聽，你聽他說，也在這坐，也把身心忘記了，禪寂了，妄想心停歇了，這叫禪寂。這還是方便。佛所作的，這是佛的神力。佛所作的都是方便慧度眾生。

這是文殊師利菩薩讚歎，所有這些偈頌都是讚歎佛的，讓我們對佛的境界、聖人的境界，產生一種信念。前面諸品把佛果境界給你說清楚，文殊菩薩教導我們怎麼樣相信，千萬莫生疑惑，莫生二念，相信佛的境界，用這個思想懺悔你的業障。我們道友經常說：「我業障很重，也不開智慧，障礙很多，煩惱很多。」因爲你被它所繫縛！如果你把它放下了，看破了，全是假的，當下就有了智慧。認識它，它害不了你。它就算害你，你就還報，這回可解脫了，還了就清淨了，免得逼迫。這樣能夠消除你的身見，把肉體看得很重的身見，沒有了，生起智慧。有了智慧，你再看它，認識不同。經常觀你這個身體，是假法和合的，沒有一處乾淨的，七孔常流不淨。危脆的身體遇到什麼挫折都受不了，摔個跟斗也許鬧骨折，年齡大一點的，摔個跟斗就不得了了。睡睡覺，翻個身，突然就半身不遂。你到醫院，看看那些植物人，雖然還有口氣，神智都喪失了。經常的觀，經常這樣想，這種觀叫「善巧」。

善巧通達一切法　正念勤修涅槃道
樂於解脫離不平　此寂滅人方便力

「善巧通達一切法」，用善巧的智慧去認識它，它害不了你。認識一切法，一切法不能爲害。但是產生正念，念佛、念法、念僧、念戒、念天、念忍、念智，這都叫正念，是正念處。「勤修涅槃道」，什麼叫涅槃呢？不生滅，走到不生滅的道上。你若解脫了，看一切法都是平等平等，沒有不平的。壽夭貧富，世間一切災害，爲什麼他受災害？我看那電視上，那邊打戰，打戰，死完人了，好多人去看熱鬧，正在看的時候，又一個炮彈來了，完了！你還看熱鬧不看熱鬧？世間法就如是。

世間沒有不平的，不平是你的心念，一切法都是平等平等的，有因緣，有果報。你了解因緣、果報差別，你看一切法平等平等。但是，一種說在理上平等，在事上是不平等。爲什麼？各人作的業不同，隨業受報。解脫了，離開一切諸法，在一切諸法上得了解脫，得了自在。怎麼樣自在？因爲你得到理了，是在理上解脫，離開這些不平等。因爲你「正念勤修涅槃道」，才能沒有不平的思念，正念裡沒有不平的，全都是平的，這是佛的神力。「此寂滅人方便力」，證得寂滅究竟果德的人，他有這種方便善巧，他要給衆生說這些法。

有能勸向佛菩提　趣如法界一切智
善化眾生入於諦　此住佛心方便力

你的心住在佛心上，跟佛一樣，就是你的迷惑心，住在覺悟心上，迷惑去掉了，這是因爲你修行，向佛菩提果，產生了法界智慧，教化一切衆生都能學佛，趣向佛果。

佛所說法皆隨入　廣大智慧無所礙
一切處行悉已臻　此自在修方便力

「佛所說法皆隨入」，就是你能夠證入，隨順入佛道。「廣大智慧無所礙」，這個時候你隨順入佛道，產生廣大智慧，一切無障礙。障礙是我們心生的，心生則種種法生，沒事自己坐那兒煩惱，無罪找枷扛，沒事找事。每位道友可以想一想，我們大多數都是沒事找事，無緣無故的煩惱，想想：「今天某某同學很對不起我，非要報復他不可！」就想報復，這是無罪找煩惱。或者你鞋子被人打髒，上下床誰又碰到你，一點小小事！同道之間也如是，在家人更不消說。人家說句話，他該對著我說的吧？特別是親密的人，三個人，兩個人在那說話，他倆不是談論我吧？懷疑了。這叫什麼呢？無事找事做，這叫煩惱。

沒有智慧，處處生障礙。現在學了佛，學怎麼樣利益自己，怎麼樣利益衆生。

大菩薩把自己忘了，全是利益眾生，實際上利益眾生就是利益自己。這是修行的方便力，把自己的修行都布施給眾生，好像自己什麼也沒有，其實這是最大的修行。我們很多人布施，總是把自己的生活資糧保留下來！我都給他們了，將來怎麼生活？不能竭盡施。你若竭盡施，那福德不可思議。眾生都是理解了，在做功德上、修道上，他顧慮很多，顧慮很多就是不相信佛的話，我們現在都在這個裡頭，沒有斷惑。

恆住涅槃如虛空　隨心化現靡不周
此依無相而為相　到難到者方便力

「難到」，成佛果、成就大菩薩道、解脫道，很難到！一說經過無量劫。因爲看不破，放不下，若放下了，馬上悟得，入光明覺，馬上就成道了。我們是隨分而消災，只是消災而已，不能契入。契入什麼呢？無相。假無相爲相，假無聲爲聲，假無滅爲滅，這就契道了。難到能到，得方便善巧，這叫方便力。

晝夜日月及年劫　世界始終成壞相
如是憶念悉了知　此時數智方便力

「時數」，這得有智慧。時間跟數字，數字就是年月，它是一體的。晝夜，太陽、月亮，以他們的輪轉來定年、定時分、定劫。劫是時分的意思，印度話叫「劫波」，中國話叫「時分」，這是人定的。我們這個數字跟別的數字不同，他那國家數字跟我們這個數字又不同，乃至於世界初成立，我們講〈世界成就品〉，這個世界怎麼成就的？又怎麼消失的？成跟壞都能知道，若這樣來憶念、思惟修，都能了知。時間、數字，一切的條件，有這種智慧。換句話說，無所不知，無所不曉。

一切眾生有生滅　色與非色想非想
所有名字悉了知　此住難思方便力

有形色的，沒有形色的，有表色的，沒有表色的。因爲沒表色，成就一切有表色，原來什麼色也沒有，你來個白的現白的，來個紅的現紅的，原來若有個固定的色，別的在這就現不成，那就矛盾了，因爲本來什麼也沒有。在空中建立一切，說你的心空了，利益眾生的方便善巧智慧都增長。眾生是有生滅的，有表色的，無表色的，有想的，有無想的。「所有名字悉了知，此住難思方便力」。「生滅」，一念之間，九百生滅，你沒法數你的心念，一起一滅，一起一滅，一念間就含著九百生滅，我們沒辦法數，不是我們智慧所能了解得到的，這是難思的方便力。懂得這個道理，把一切事物重新認識一下。但是這個不是成就，只能說是將有信，信佛所說的法，文殊師利所教授我們的法，不會錯誤的，不要懷疑。斷疑生信，現在我們講文殊師利所教授我們的，任何法不要疑惑，要生起眞實信。

過去現在未來世　所有言說皆能了
而知三世悉平等　此無比解方便力

過去，過去還有過去，三世所有的語言，全都能明白。了是明白、覺悟的意思。「而知三世悉平等」，過去、現在、未來，平等平等，怎麼樣是平等呢？沒有過去，沒有未來，也沒有現在，三世平等。是你的心給它劃分的，這叫過去，昨天的過去了，今天的現在，明天的還沒來，這叫三世平等。產生在什麼地方？產生你心的念頭上，是你給它劃分的。上午已經沒有了，這是現在。晚上的夜間，那是未來，這不是你劃分的？未來還有未來，現在還有現在，但是平等對待。「此無比解方便力」，這是善巧的方便力。

爾時光明過一億世界。徧照東方。十億世界。南西北方。四維上下。亦復如是。彼一一世界中。皆有百億閻浮提。乃至百億色究竟天。其中所有。悉皆明現。彼一一閻浮提中。悉見如來。坐蓮華藏師子之座。十佛刹微塵數菩薩。所共圍繞。悉以佛神力故。十方各有一大菩薩。

一一各與十佛剎。微塵數諸菩薩俱。來詣佛所。其大菩薩。謂文殊師利等。所從來國。謂金色世界等。本所事佛。謂不動智如來等。爾時一切處。文殊師利菩薩。各於佛所。同時發聲。說此頌言。

文殊師利菩薩有好多？有一億世界，就有一億文殊師利菩薩。那些世界有不動如來，有文殊師利菩薩的十佛剎微塵數眷屬。文殊師利菩薩不是只在娑婆世界，他是從不動世界來的，他所事奉的佛是不動智如來。

廣大苦行皆修習　日夜精勤無厭怠
已度難度師子吼　普化眾生是其行

佛是經過無量時間修行得來的，那種修行不是懈怠的，而是日夜精勤的。佛教導我們四眾弟子，怎麼教授的？晝夜精勤修行，中夜疲勞過度了，稍事休息，怎麼休息？讀誦大乘，讀經的時候是休息。那些時候在幹什麼？思惟修，觀想一切諸法。這種寂是大寂，我們所說的禪定，非得眼睛三分開、七分合，身體坐著不動，心裡專注一境，這才叫定。佛在利益眾生、說法的時候，都在定中。佛活了八十歲，都在定中，動中定。錫蘭有一位大德，他在美國曾跟我講，在跳舞、唱歌當中，入定了，這叫動中禪。這是大定，但是修的方法，也跳舞也唱歌，都在入定，心不在上頭。

「已度難度」，已經度的不說了，眾生難度，難度也要度，給他做什麼呢？說法，說法叫師子吼。佛是怎麼修行的？度眾生。大菩薩沒有自己，沒有這個觀念，一天就度眾生。菩薩怎麼修行？度眾生，勸別人修行。現在我們的道友，非得坐那兒去念佛，我是念佛堂的。或者到那去看《華嚴經》，我是華嚴部的。我學戒律，佛叫我們怎麼做，我們就怎麼做，持戒就是修行。不持戒，犯戒是不是修行？沒人敢答覆，犯戒是修行？你看菩薩度眾生，他是怎麼度的？菩薩沒有「我要修行！」這個觀念，那才叫菩薩，度眾生就是我的修行，沒有自己，光是爲了別人。當你度別人是不是就是自己的修行？別人都成道了，菩薩道就成就了。

現在好多道友說：「我要閉關！」佛法什麼都不懂，剛受完戒要去閉關，這幾天找我，讓我給他找閉關的地點。我說：「你先把心關閉了，就好了。」在修行上建立修行，不是修行，修的是道，不是行爲。我們在行爲驗證，那些大菩薩行菩薩道的時候，他度眾生的時候，他想到這是犯戒？沒有這個觀念，他沒有什麼持戒犯戒，只有度眾生，我爲了度他，下地獄都沒有關係，他沒有想到我要下地獄，他讓你出了地獄就好了，地獄由我來坐，地藏菩薩就是這樣。那眞叫行菩薩道，心量大。

眾生流轉愛欲海　無明網覆大憂迫

至仁勇猛悉斷除　誓亦當然是其行
世間放逸著五欲　不實分別受衆苦
奉行佛教常攝心　誓度於斯是其行
衆生著我入生死　求其邊際不可得
普事如來獲妙法　為彼宣說是其行

前面講世間放逸五欲，衆生在欲望中，欲望就是需求。放逸，我們說愼莫放逸，是指心說的。外邊五欲境界的緣，再加內心需求的因，把不實虛妄的境界執著爲眞實。欲望是無止境的，當你貧困、憂惱的時候，希望有幾個錢能生活，有了幾個錢了還想多得。不只財，乃至五欲中最重要的男女關係，這是生死的根本。這雖是短暫，却是生生相續，冤冤相結，沒完沒了。沒有得到貪求，希望得到。得到又怕失掉，得到又沒有滿足，欲望無窮！因此你就受諸苦，苦者是種逼迫。你若想不受苦就斷五欲，念著五欲的人，在欲境現前的時候，他認爲是快樂，這是苦惱的根本。沒得求得的時候是苦，得到了還是苦，未來還要受果報，還要受苦，所以叫衆苦。

佛教授我們要攝心，不要執著世間的五欲，那是不實的境界，轉眼成空。或者得到十年、二十年、三十年，最後還是空的。一切業本來是空的，衆生要去造，把不實的境界當成眞實的，所以展轉受苦，無窮無盡的受苦。佛教授我們要常常攝你的心，認識苦，不被苦所轉。佛是證得了，在苦果上是斷除了，苦因是沒有了的，因果都盡了。他自己證得究竟的常樂我淨，離開五欲境界，把自己所證得的攝化衆生，示導衆生，佛是教我們常時攝心。落到苦難裡頭，佛是常時教導，令他離開苦難。「誓度於斯是其行」，度一切衆生，讓一切衆生離開苦難，苦難的來源就是五欲。這是給你說五欲過患，讓你認識了，不要再執著五欲境界。同時，要斷除我法，人我執、法我執，不要執著有我，衆生因爲執著我，才入生死苦輪，這個苦沒有邊際的，苦輪的邊際不可得。應該依佛的教授，「普事如來獲妙法」，「妙法」就是脫離生死的這些法門，佛所教導的都是脫離生死的，不過有深有淺，有脫離分段生死的，再深入脫離變異生死。變異生死、分段生死都脫離了，還要脫離無明塵沙惑。

眾生無怙病所纏　常淪惡趣起三毒
大火猛燄恆燒熱　淨心度彼是其行
眾生迷惑失正道　常行邪徑入暗宅
為彼大然正法燈　永作照明是其行

這是講生老病死苦的，著我入生死，普事如來獲妙法。在生的當中，在三惡道的當中，乃至於做人當中，沒有方法保護你，讓你長時沒有病，就是生老病，這是講病的，前面是講生死的。不害病的人沒有，病是死的因，病就近於死。治好了是短時間的，生老病死苦，纏繞著一切衆生，不得脫離的。死後墮三惡道，人天是善道，在我們人生當中，起心動念乃至所有行爲，是善善惡惡的。出家的道友、在家弟子，因爲聞法，現行不是那麼嚴重，三惡道不是那麼嚴重，三惡道的苦果，受三歸就能斷除。人天生滅也是無常的，人天福報盡了，你在所作所爲的當中，都是善善惡惡。善報受完了，惡又來了，又去受惡報。要想一勞永逸，一勞永逸就是了了生死，不再六道輪轉，那就一勞永逸。這個不是很容易的，爲什麼不容易呢？我們想一個善行，比如我們念佛，業不由己，念念就不念了，就懈怠了。或者拜懺、念佛，一天二十四小時，你心裡的活動，就是心裡的動態，善念、惡念、非善非惡的念，入了佛門，惡念當然不太嚴重。但是在你心裡頭，這個煩惱心所，總使你心裡不安，定不下來。現實生滅當中的善業惡業，你能作得主的時候，你都作不了主，都不去作主，不去行善，不作惡，你都作不了主，等你作不了主的時候，那就更隨惡業所轉。

我們作夢，在夢中你是作不了主，在你醒的時候能作主，精進一點吧！《華嚴經》教授我們是著重於心，你心裡思念什麼想什麼，例如我們上殿作大法會的時候，隨殿念普佛的時候，你心裡都是怎麼想的？恐怕念普佛的時候打妄想也多的很，沒有眞心給人家普佛。今天請我打普佛的，不管是誰，他來求消災免難，你心裡是行菩薩道，消他的災難，自他的災難都消。發大悲心，慈悲救度這個衆生。打普佛這樣想過嗎？同時也消自己的罪業。念佛的時候，你的心就是佛。我們都知道一到殿裡，或者一到了法堂，這個環境是特殊的，純善無惡。

等你念大覺、光明，我們是〈光明覺品〉，平常的時候沒有念，當上殿的時候，也就一個多鐘頭，內心的光明跟覺悟，自他兩利。利自己，利他人，是不是這樣呢？每個人都可以觀照。平常二十四小時，你著生死之見，這個知見不是完全光明的，也不是覺悟的。但是你到殿堂裡頭來，在作佛事當中，你假佛的覺悟，引發自心的覺悟，以佛的光明引發自心本具的光明，你作到沒有？每個人都這樣反省一下。每天聽經，這是文字。我們共同學習的時候，語言文字不是眞實的，它是引發自己的眞實性。念佛、聞法是你一切行動，念念不離你的心，隨時都是在光明當中，不是在黑暗當中，都在覺悟當中，而不是在迷惑當中。就像喝水的時候，這水是熱的？是冷的？飲者自知，你喝水才知道，我沒喝不知道那水是冷是熱的。

聞法也如是，不被憂惱病苦生死法所纏繞，如果被這個纏繞，三惡趣你離不開的。常起三毒貪瞋，三毒的貪瞋癡就感三惡道，這是必然的，有如是因必然有如是果，自己應當常時這樣警惕。世間猶如大火猛焰燒你，都是在熱惱當中，佛是脫離了。偈頌的第四句都是佛所來教授你，佛所來行菩薩道，普度一切眾生。「淨心度彼」，度眾生，「彼」就是指一切眾生。「淨心」，佛已經清淨，什麼是佛的修行呢？度眾生。但是佛只能給你說法，告訴你怎麼樣斷除五欲，他不能代替你。如果你的所行跟他的所行，你的思想跟他所證得的、返本還源的清淨心相適應了，他度你。感應！感應！是你的感跟他應的心，相結合了才能應，否則應不了的。他只能跟你說，告訴你方法，讓你去作。一個是正道、菩提道，一個是生死道，給你說的很清楚。如果你一定要走生死道，諸佛沒有辦法。再說深入一點，你想能聞到這個方法，得有大善根的，沒有善根的，你連都聽不到，聞也聞不到。

就說五臺山，我有位在家皈依弟子住在五臺山，他經常到我這兒來，我就問他五臺山現在的情況？殺盜淫妄全具足的，而且是受災受難的很多，不像我們在普壽寺裡這麼清淨。要是聞到這些境界，常生大悲心，用慈悲的觀想力，加被他們，救度他們。我們已經出了家，披了袈裟，袈裟底下最容易失掉人身！因爲你的衣食住行，全是人家供養你的，你自己修行，還得給要人家，不是爲了自己，還得度人家。就像負債，我們在世間上欠人家錢，欠人家恩德，我們很明了的，有的你不知道。這是你不知數的，這叫什麼呢？這叫迷惑。一迷惑，迷了就惑。惑就是你不正當的走邪道，沒有正知正見，迷惑了，失掉光明，失掉那個能照的覺了，你不走光明大道，却走邪趣道、地獄道。

「常行邪徑入暗宅」，「暗宅」就是三界的黑暗，不能按菩提道走。佛就是說法，說法就是給你點燃正法的明燈，就是覺、光明。照你的行動，照你的思惟，佛是常時如是，給衆生點了很多明燈，照著你。因爲衆生有種種的欲望，種種看問題的看法，這叫知見。每個人有每個人的想法，所以佛說很多的方法，你自己選擇吧！哪個適合你，就去做吧。常時思念，念正法，想一切衆生。

眾生漂溺諸有海　憂難無涯不可處
為彼興造大法船　皆令得度是其行

在漂流的苦海當中，是「諸有海」。「有」什麼呢？有生死。因爲我執我見甚深，憂悲苦惱常離不開的。這個世界是不可處的，沒有止境的，沒完沒了。在苦海裡漂流，佛爲了救一切衆生，示現大法船，讓你得度，「得度」就是到彼岸。我們在惡趣裡頭，時而苦時而樂，生天做人，人中是苦樂參半，有苦有樂。天，他認爲是光樂不苦。三塗光苦不樂，那就靠你自己選擇，最注重的是心。

眾生無知不見本　迷惑癡狂險難中
佛哀愍彼建法橋　正念令昇是其行
見諸眾生在險道　老病死苦常逼迫
修諸方便無限量　誓當悉度是其行

這個偈頌是佛度一切在癡暗當中的衆生，他們在愚癡、黑暗、不覺、不明當中！

爲了度一切衆生，說一切法，令衆生能夠清淨，因此要特別關注你的心。「正念」就是常念佛、念法，產生這種正知正見。因爲你不能辨別是非，我們在法上知之甚少，即或知道的，也不是修行證得的，而是學來的。學來的會失掉，可以不去做。如果是修行得來的、證得的，那就有功夫，能照著去做。因爲無知，見不到自己本來面目，就是那個本性，我們最初說的法界性，還見到我們的本心。迷了、惑了，愚癡癲狂，在險難中過日子，不知道在險難中，還有樂可取，追逐財色名利，這就是前面講的五欲境界。五欲境界是險難，是險道。佛哀愍沒有明覺的衆生，讓他產生正知正見，讓他明，讓他覺悟。

佛見一切衆生在險道當中，老、病、死、苦常時逼迫你！佛給你說種種的法，怎麼樣避免老？世間避免不了。在法上你明白了，覺悟了，不老了，無我了。生老病死苦現相沒有了。如果常思念法的人，不會有憂愁的也不會有苦惱的，憂愁苦惱是沒有法、沒有明、沒有覺，因此才產生憂悲苦惱。

像最近接待以前跟我受過皈依的弟子，有十年的，有二十年的，各地來的都有。他們說說最近的情況，全在憂悲苦惱當中！苦惱是自找的，在紐約買幢房子，租給人家，房租收不上，煩惱了。最初不買這些房子，你也不要租，哪有這些事。在越南買、在臺灣買，現在在上海又買，這是自找苦惱，她認爲這樣才安全。這樣安全嗎？儘管皈依佛門，在法上不注重的。還追求世間財富，越貪越大，十億還想百億，要當百億富翁。患得患失，想得要種種心機，想種種方法得到，得到了又怕失掉。有得必有失，你不得就沒有失，這不是苦惱自找的嗎？老病死苦，全是自己找的，找來逼迫你，教你細心觀察，不然你不知道。

有些人，一年當中盡是愁眉苦臉，不曉得想什麼。我們出家師父也不見得很好，現在心裡早動了，要放假，還有幾天了，我要回家去吧，給我爸爸媽媽、親友帶點東西。但是我是出家人沒有錢，不可能。你就沒想到給他們帶點佛法回去吧！把佛的教授方法給他們講一講。在寺裡是學，出去了是去行菩薩道，教化眾生，有這種想法還是很好的！但恐怕不是，都想到世間相。

你要是在美國有間大公司，你從美國回到中國，不是親來也是親，都來了。家裡有這個困難，那個困難，幫我買幢房子吧！我的生意還缺點本錢，幫我添點資本。可惜我們什麼都沒有，你能給他們講，最近聽《華嚴經》，生老病死苦，你們都在生老病死苦裡頭，別造惡了，造惡要下地獄的，沒完沒了的。不要憂，不要愁，使他們解脫。講講生老病死苦，講講佛法的方便修行，減少生老病死苦。若能百年三萬六千日，不教一息有愁魔，呼吸之間，這麼一息從來都是愉快的。減少疾病，減少生老病死苦。這是八苦交煎，都是魔障，求一切方便，方便就是善巧，唯佛才具足。能度一切眾生，佛所行的就是這些。

聞法信解無疑惑　了性空寂不驚怖
隨形六道徧十方　普救羣迷是其行

這四句話很深！特別是「了性空寂」，性空即是佛。寂就是定，定就是不亂，不散亂。定了就能發出智慧光明，就能覺悟。因爲我們沒有這個智慧，不疑惑，很難，因爲信沒有根，何況我們還沒有入信！以下我們會講〈菩薩問明品〉，怎麼樣有智慧？我遇什麼都明白？因爲我們疑惑心很重，信解力不強，還有疑惑，自己跟自己過不去，問題出在哪裡呢？不明白。好多道友問我這麼一個問題：「怎麼樣修行？」我說：「你現在一天在幹什麼？你到普壽寺來一天幹什麼？做些什麼？你不是在修行嗎？自己本來就是在修行，還要問怎麼樣修行？」有些是修身的，身不放逸。到普壽寺來四衆弟子都做得到。但是心做不到了，有的心並沒有在普壽寺，早飛到天邊去了，這叫妄想紛飛。不能制心一處！拜懺也好，幹什麼也好，都叫你一心。制心一處，把心制到一點，定點而不動，這叫一心。一天當中能有幾個小時，制心一處？一小時也沒有。

我們用土話說吧！拿個老主意，老主意是指什麼呢？定到一句阿彌陀佛上，定到能生西方極樂世界，這才能達到一心不亂。如果你在這兒修行念佛，眞正念到一心不亂，或者一個電話，或者來一封信，說：「你媽媽病重！」心裡放不下了，「媽媽總要孝敬吧！佛也說孝敬父母，我得回家看看。」得了，一心不亂已經亂了，打亂你的心思，因此修行不是一句空話。

「了性空寂」，遇什麼都不驚怖，眞能達到性空寂，寂是定。世間一切法，就是出世間一切法，不被一切法轉，不被外頭境轉，了境是虛幻的。就像剛才說的：「媽媽病重了，叫我回去看看，我不回去看看，不是不孝嗎？」「回去看又有什麼辦法呢？能減少她的痛苦？能消除她的病？能使她不死？」如果眞正信佛的人，對佛所說的話不懷疑，眞正信了，怎麼辦？你給她打七，什麼都放下，你給她念佛，假三寶力加持，說不定她的病還能好。假使她不好，不生極樂世界也會生天，不會下三塗，三寶加持力。該做的你不做，不該做的你要跑著去顛倒。爲什麼佛說衆生顛倒，就是這樣顛倒的。怎麼樣報父母恩呢？念三寶，念佛念法念僧，那才叫報父母恩，能報三寶恩也能報師長恩。

若能了達性空寂，什麼恐怖都沒有，什麼罣礙都沒有。性空寂就是心定。《心經》告訴我們，能夠這樣理解，沒有恐怖，沒有罣礙，心無罣礙故，才沒有恐怖。性空寂了，還有什麼罣礙？佛度六道衆生，並不是離開六道衆生，他度衆生得到六道衆生去示現衆生，才能度衆生，佛所作的事就是度衆生。這是〈光明覺品〉的第九重世界，以下說第十重世界。

爾時光明過十億世界。徧照東方。百億世界。千億世界。百千億世界。那由他億世界。百那由他億世界。千那由他億世界。百千那由他億世界。如是。無數無量。無邊無等。不可數不可稱。不可思不可量。不可說。盡法界。虛空界。所有世界。南西北方。四維上下。亦復如是。彼一一世界中。皆有百億閻浮提。乃至百億色究竟天。其中所有。悉皆明現。彼一一閻浮提中。悉見如來。坐蓮華藏師子之座。十佛剎微塵數菩薩。所共圍繞。悉以佛神力故。十方各有一大菩薩。一一各與十佛剎。微塵數諸菩薩俱。來詣佛所。其大菩薩。謂文殊師利等。所從來國。謂金色世界等。本所事佛。謂不動智如來等。爾時一切處文殊師利菩薩。各於佛所。同時發聲。說此頌言。

一念普觀無量劫　無去無來亦無住
如是了知三世事　超諸方便成十力

〈光明覺品〉如是說了十次，這是最後一次。十重說頌，這是最後一重，〈光明覺品〉快圓滿了。

因圓果滿，講佛利益一切眾生，純粹說佛德的。佛成就，成就佛果了，再來觀這個世界，普觀無量劫，不是一天兩天，一年兩年，無量長的時間。「劫」是「劫波」，

「劫波」是「時分」。劫是最長的，短是一念，思念的念。在這個無量劫，也沒有去，也沒有來，也沒有住。無量劫即是一念，一念化為無量劫，無量劫還是一念。這個道理，不是大家能夠理解的，知道就是了。如是這種言論，《華嚴經》都是如是的意思。

百千億遍說這麼多幹什麼？讓你進入。經過這麼長時間做什麼？了知，知道、覺悟、明白，就是光明覺。覺什麼呢？過去、現在、未來，過去還有過去，過去還有過去未來。過去有過去的現在，重重如是。三世間一切事，讓你通達三世。我們這個心是過去現在未來，都具足你現前報身，現前的思念、身所受的是過去所造的業，現在所受的是過去所造的業。現在所造的業，又到未來世再去受。未來又有未來的現在，有未來的過去，還有未來的未來，無窮無盡的過去現在未來。過去未來現在，就是這樣子。

佛成道了之後，了知現前一念，無來、無去、無住，沒有過去，沒有現在，沒有未來，也沒有無量劫，無量劫就是現前一念心。等他成道的時候，因圓了，果也滿了，因果徧周。佛所作的事就是一個，讓衆生明了無量劫就是現在一念。大家讀《金剛經》，過去心不可得，沒有去。未來心不可得，沒有來，無去無來。現在心呢？無住，現在心不可得就叫無住。無去無來無住，沒有三世間的區別，過去心滅了，這個分別心也滅了。未來心還沒有來，現在心不住，三心了不可得。

我們聞到只是聞到，二祖慧可在達摩祖師座前，一句話就開了悟，就明白了，因爲他立雪斷臂。他跪在雪地求法，跪了兩三天。達摩祖師問他做什麼？他說：「我求法！」達摩祖師說：「你以輕心、慢心求法。」在雪地跪了三天，還是輕心、慢心？他拿出戒刀來，立雪斷臂，把他膀子斷了一個，割一個膀子多痛！要求達摩祖師：「請給我安心，我痛的心不安。」達摩祖師說：「好！把心拿來，我給你安吧！」他找不到心，覓心了不可得。「我找不到心！」達摩祖師說：「我予汝安心已竟，我給你安心安好了。」慧可就開了悟。我們照這樣說一遍，能悟？我們也悟了，怎麼悟了？現前一念心，現在聞到的華嚴義，華嚴義無去無來，三世事就是現前一念。方便成十力，佛的十種智力。你念《心經》，《心經》上沒有十力，你念〈普賢三昧品〉，還有其他的品類都有十力。懂得這種道理，就知道「超諸方便成十力」，佛有十種智力：知過去未來智力、知一切衆生根機智力、知死此生彼至處道力、知一切衆生根力、知一切法，那屬於法力，佛是無所不知，說十是表無盡。

十方無比善名稱　永離諸難常歡喜
普詣一切國土中　廣為宣揚如是法
為利眾生供養佛　如其意獲相似果
於一切法悉順知　徧十方中現神力

從初供佛意柔忍　入深禪定觀法性
普勸眾生發道心　以此速成無上果

這是講佛成道、成佛的因果，前面都是因，皈依佛、皈依法、皈依僧，這是因。成就了，成就什麼？成就佛，成就法的理體，僧是和合義，佛跟法和合而產生的，這叫自性三寶。在供養佛的時候，行布施叫檀波羅蜜，意願柔和是戒波羅蜜，光明覺悟是般若波羅蜜。《華嚴經》講十波羅蜜，是指成就這些波羅蜜，到了彼岸。

十方求法情無異　為修功德令滿足
有無二相悉滅除　此人於佛為真見
普往十方諸國土　廣說妙法興義利
住於實際不動搖　此人功德同於佛

像善財童子五十三參，目的是求法，聞到法了，求到法了，性現，情沒有了。聞法，法就是法性理體，不是求的法相。不是聲也不是文字，求得心契於心，你的心契合法性理體，眞正見了佛道，眞正成就佛。佛在因地當中，十方求法，求了法，依法去修，依法去做。達到什麼呢？達到非有非無。

有無、非有非無，都除滅了，沒有相也沒有無相，這才是眞正入佛之知見。把自己所求得的法，成就了，之後又轉教化於衆生，讓衆生知道，求法沒有求相，救度衆生，沒有衆生可度相。一切無著，不著相才能入佛的體性！把自己所證得的給衆生說，不是只在一個地方說，不是只在兩個衆生中說，而是十方一切國土，「廣說妙法興義利」，說法的道理，法的道理叫你悟得，無我相、無人相、無衆生相、無壽者相，山河大地一切諸相空寂。誰懂得這種道理，證得這種道理，誰就是佛。說法是使衆生得利益，得什麼利益呢？離惡行善，善到究竟也成了佛。讓你得到世出世間的利益，再說深入一點，「福慧兩足尊」，福德智慧都圓滿了，就成佛了。

如來所轉妙法輪　一切皆是菩提分
若能聞已悟法性　如是之人常見佛

若懂得這種道理，一天都在見佛。那是你的心！心即是佛，常見的佛，你覺悟，光明了，照了了，你就是佛。轉法輪，就是明白自己的體性。沒有能轉、所轉，也沒有法輪可轉。對前面所說的十力，也不存在，若是有個十力可得，那就叫執著。到了究竟，得無所得，證無所證。爲什麼？原來本具的，一切衆生同佛是無二無別。一個光明覺悟，一個黑暗遲鈍，那就有區別。到了最後，成就佛果。

不見十力空如幻　雖見非見如盲覩
分別取相不見佛　畢竟離著乃能見

這個道理很明顯，十力是空的。爲了度衆生故，這些名詞都是假設安立。這叫什麼？「雖見非見如盲覩」，沒有眼睛是看不見的。有眼睛是看見，那個看見看不見，跟佛那個見非見，完全不一樣。一個是果上證得，這是什麼呢？心能轉境是佛，心被境轉是衆生。若是有分別，若是取執著相，不能見佛。離開執著，沒有知見的見，也沒能取相所取相，就能見佛。

眾生隨業種種別　十方內外難盡見
佛身無礙徧十方　不可盡見亦如是
譬如空中無量剎　無來無去徧十方
生成滅壞無所依　佛徧虛空亦如是

衆生隨所造的業有種種差別，這個差別可就大了，一直到等覺菩薩，從你開始信佛，到等覺菩薩，這有五十二位的差別，但是我們還在五十二位之外。

「十方內外難盡見」，要到究竟佛果才能盡見，「盡見」是見到什麼呢？寂靜、無為、無作。我們現在是學知，不是證知。我們是從解上知，「生、成、滅、壞」，成住壞空。生了，成就了，但是這種現相是要壞的，壞了，沒有了，盡了，盡就是滅。佛把衆生一切相，看成像虛空一樣的。佛的身盡法界偏虛空，就是法性的理體，不是能看得到，不是能聽得到，有見有聽，不能見法界。看佛的光明相，不要去執著。佛相既不執著，衆生相更不要執著了。凡所有相，皆是虛妄，若見諸相非相，才能見佛！若見諸相非相，則見如來。

上面我們所說的，無量的佛刹，都是在空中建立的。佛的身體，文殊菩薩的體是智慧體，若拿有形有相的見，是見不到的。一切諸法都經過成住壞空，四相遷移。見諸相非相，沒有成住壞空，那是見性。佛身偏虛空，乃至一微塵裡都有佛。這樣信，現在我們只是產生個信。有緣就現，無緣就隱。無論約體約用，都如是。你要取佛身，在虛空去取吧！請在你自心去取，自心即是佛。

文殊師利說這十個頌，一個頌是四句，歎佛的功德。文殊師利是表初信的，就像人初生長一樣，孺童菩薩相，文殊師利在《華嚴經》上說十信位，現的是孺童菩薩相。意思是令你生起信心，依著信心而去修行，依著修行而產生覺悟，這叫〈光明覺品〉。信什麼呢？舉佛的果德，舉佛所說的一切法，令你生起正信，唯信能入。信佛的果法，信了而後能解，自己也想得到。得到了，就是從凡夫地進入佛地。現在我們說、聽、學，讓我們產生一個信，信了之後要發心，自己誓願成佛，發願是堅定自己的願力，我一定能成佛。

怎麼樣修呢？在〈淨行品〉舉一百四十一個大願。〈光明覺品〉之後就是〈菩薩問明品〉，〈菩薩問明品〉之後就是〈淨行品〉，修清淨行，那是我們做得到的。從早晨到晚上，在生活當中，洗臉、洗手、吃飯、穿衣服、穿上衣、穿下衣，每一件事情都發願，共有一百四十一個大願，這個大願成就菩薩大悲。這個大悲是誰的大悲呢？文殊師利菩薩、普賢菩薩，成就慧身、智身、法身，在這個願裡同時並進。法身徧十方一切世界，是徧的。智身是前面講的十智佛。慧身是文殊師利，再加上智首、覺首這些菩薩。大悲，就是度衆生的大願，一百四十一個大願。

這樣使你入了信位，依信而能去起修。凡是十信位所說的法，都是文殊師利。爲什麼？文殊師利是十方諸佛的妙慧，十方諸佛微妙的智慧集中於文殊師利。又者，稱文殊師利爲智慧母，母是能生義，文殊師利菩薩是能生智慧的。修就是行，行就是普賢的行，修行就是普賢的行門、法門。

依信而能起修，必須以文殊師利菩薩的童子菩薩啓蒙，這是表法的，表信位能入定。凡夫是生滅心，生滅心沒有入證，所以文殊師利菩薩所說的這些法，都不入定，以後就得入定說法。因爲文殊師利教授我們的是入世智，是從世間一切諸相，生起智慧。但是證入，就是理了，理得入定，得靠思惟，沒有思惟不能進入的。發願的時候，是以你的語言、以你的行動、以你的發願，但只是信，不須入定。〈光明覺品〉，現在圓滿了。

光明覺品　竟

國家圖書館出版品預行編目資料

如來名號品・四聖諦品・光明覺品／
夢參老和尚主講 ; 方廣編輯部整理. — 初版. —
臺北市 : 方廣文化, 2016.03
面 ; 公分. —（大方廣佛華嚴經 ; 6）
ISBN 978-986-7078-73-5 (精裝)
1.華嚴部
221.22 22105002573

大方廣佛華嚴經《八十華嚴講述》⑥

如來名號品 第七・四聖諦品 第八・光明覺品 第九

主　　講：夢參老和尚
編輯整理：方廣文化編輯部
封面攝影：仁智
美編設計：隆睿
印　　製：鎏坊工作室
出　　版：方廣文化事業有限公司
住　　址：台北市大安區和平東路
電　　話：02-2392-0003
傳　　真：02-2391-9603
◎地址變更：2024年已搬遷
通訊地址改爲106-907
台北青田郵局第120號信箱
(方廣文化)
劃撥帳號：17623463　方廣文化事業有限公司
網　　址：*http://www.fangoan.com.tw*
電子信箱：*fangoan@ms37.hinet.net*
裝　　訂：精益裝訂股份有限公司
出版日期：2021年 11月　初版2刷
定　　價：新台幣360元 (軟精裝)
經 銷 商：聯合發行股份有限公司
電　　話：02- 2917-8022
傳　　真：02- 2915-6275
行政院新聞局出版登記證：局版臺業字第六〇九〇號
ISBN：978-986-7078-73-5
No.H212　　*Printed in Taiwan*

方廣文化出版品目錄〈一〉

夢參老和尚系列
書 籍

● 八十華嚴講述

HP01 大乘起信論淺述 (八十華嚴導讀一)
H208 淺說華嚴大意 (八十華嚴導讀二)
H209 世主妙嚴品 (第一至三冊)
H210 如來現相品・普賢三昧品 (第四冊)
H211 世界成就品・華藏世界品・毘盧遮那品 (第五冊)
H212 如來名號品・四聖諦品・光明覺品 (第六冊)
H213 菩薩問明品 (第七冊)
H214 淨行品 (第八冊)
H215 賢首品 (第九冊)
H301 升須彌山頂品・須彌頂上偈讚品・十住品 (第十冊)
H302 梵行品・初發心功德品・明法品 (第十一冊)
H401 升夜摩天宮品・夜摩宮中偈讚品・十行品・十無盡藏品 (第十二冊)
....陸續出版中....

● 華 嚴

H203 華嚴經淨行品講述
H324 華嚴經梵行品新講 (增訂版)
H205 華嚴經普賢行願品講述
H206 華嚴經疏論導讀
H255 華嚴經普賢行願品大意

● 天 台

T305A 妙法蓮華經導讀

● 楞 嚴

LY01 淺說五十種禪定陰魔—《楞嚴經》五十陰魔章
L345 楞嚴經淺釋 (全套三冊)

夢參老和尚系列
書　籍

方廣文化出版品目錄〈二〉

● 地藏三經

地藏經

D506　地藏菩薩本願經講述 (全套三冊)
D516A　淺說地藏經大意

占察經

D509　占察善惡業報經講記 (附HIPS材質占察輪及修行手冊)
D512　占察善惡業報經新講

大乘大集地藏十輪經 D507 (全套六冊)

D507-1　地藏菩薩的止觀法門 (序品 第一冊)
D507-2　地藏菩薩的觀呼吸法門 (十輪品 第二冊)
D507-3　地藏菩薩的戒律法門 (無依行品 第三冊)
D507-4　地藏菩薩的解脫法門 (有依行品 第四冊)
D507-5　地藏菩薩的懺悔法門 (懺悔品 善業道品 第五冊)
D507-6　地藏菩薩的念佛法門 (福田相品 獲益囑累品 第六冊)

● 般 若

B411　般若波羅蜜多心經講述 (合輯本)
B406　金剛經
B409　淺說金剛經大意

● 開 示 錄

S902　修行 (第一集)
Q905　向佛陀學習 (第二集)
Q906　禪・簡單啟示 (第三集)
Q907　正念 (第四集)
Q908　觀照 (第五集)

方廣文化出版品目錄〈三〉

地藏系列	D503	地藏三經 (經文版) (地藏菩薩本願經、大乘大集地藏十輪經、占察善惡業報經)
	D511	占察善惡業報經行法 (占察拜懺本) (中摺本)
華嚴系列	H201	華嚴十地經論
	H202	十住毘婆沙論
	H207	大方廣佛華嚴經 (八十華嚴) (全套八冊)
般若系列	B402	小品般若經
	B403A	大乘理趣六波羅蜜多經
	B404A	能斷金剛經了義疏 (附心經頌釋)
	B408	摩訶般若波羅蜜經 (中品般若) (全套三冊)
天台系列	T302	摩訶止觀
	T303	無量義經 (中摺本)
	T304	觀普賢菩薩行法經 (中摺本)
部派論典系列	S901A	阿毘達磨法蘊足論
	Q704	阿毗達磨俱舍論 (全套二冊)
	S903	法句經 (古譯本) (中摺本)
瑜伽唯識系列	U801	瑜伽師地論 (全套四冊)
	U802A	大乘阿毗達磨集論
	B803	成唯識論
	B804A	大乘百法明門論解疏
	B805	攝大乘論暨隨錄
憨山大師系列	HA01	楞嚴經通議 (全套二冊)

方廣文化出版品目錄〈四〉

方廣文化出版品目錄〈五〉

南傳佛教系列

SE05 七種覺悟的因素
SE06 南傳大念處經 (中摺本)
SE07 三十七道品導引手冊 (阿羅漢的足跡增訂版)
SE08 內觀基礎 《從身體中了悟解脫的真相》
SE09 緬甸禪坐 《究竟的止觀之道》(增訂版)

其他系列

Q701 單老居士文集
Q702 肇論講義
Q703B 影 塵-倓虛老法師回憶錄
Q705 佛學小辭典 (隨身版)
ZA01 參 禪《虛雲老和尚禪七開示》
ZA02 禪淨雙修《虛雲老和尚開示錄》
Z005《禪宗公案》-李潤生著

方廣文化事業有限公司
http://www.fangoan.com.tw